Atlas de l'Afrique

Un continent jeune, révolté, marginalisé

Stephen Smith
Cartographie : Claire Levasseur

Éditions Autrement
Collection Atlas/Monde

AUTEUR

Stephen Smith est journaliste-écrivain. Spécialiste du continent africain, il a longtemps travaillé pour *Libération* (1984-200) et pour *Le Monde* (200-2005). Il est l'auteur de plusieurs ouvrages à succès dont, en 2003, *Négrologie. Pourquoi l'Afrique meurt*, Calmann-Lévy, qui a reçu en 2004 le prix France télévision du meilleur essai.

CARTES ET INFOGRAPHIES

Claire Levasseur, cartographe

MAQUETTE

Conception et réalisation : EDIRE

ÉDITIONS AUTREMENT

Direction : Henry Dougier
Coordination éditoriale :
Laure Flavigny
Lecture-correction :
David Mac Dougall
Communication et presse :
Doris Audoux
Direction commerciale :
Aude Wester

77, rue du Faubourg-Saint-Antoine • 75011 Paris
Tél. 01 44 73 80 00 • Fax 01 44 73 00 12 • www.autrement.com

ISBN 978-2-7467-0641-5
ISSN 1272-0151
Dépôt légal : juin 2008. Précédent dépôt : novembre 2005
Imprimé et broché en France par Corlet Imprimeur SA en mai 2008

À Max et Lily

Remerciements

Cet atlas doit beaucoup aux remarques critiques que de nombreux lecteurs de mes articles et livres ont pris la peine de me faire au fil des années. Qu'ils en soient ici chaleureusement remerciés, dans l'espoir que l'ouvrage tire le meilleur parti de leurs observations. Je tiens également à exprimer ma gratitude à Géraldine Faes et à Henri Rethoré pour leur relecture attentive des épreuves.

Nous remercions tout particulièrement Sylvie Brunel, dont certaines des cartes et infographies publiées dans *L'Afrique. Un continent en réserve de développement*, paru en 2004 aux Éditions Bréal sont adaptées ou reproduites telles dans cet atlas.

SOMMAIRE

Les citations sans indication de source sont de l'auteur.

AFRICA (1686)

Précisément parce qu'elles ne sont jamais aussi anciennes qu'on ne le pense, les vieilles cartes de l'Afrique nous apprennent peu sur le continent, mais l'essentiel sur les connaissances que nous en avons : celles-ci sont lacunaires, parfois curieuses...

AFRICÆ
ACCURATA TABULA
ex officina
IACOBUM MEURSIUM.
ASIÆ
PARS.
MEDITERRANEUM.
ASIA MINOR.
MARE RUBRUM olim SINUS ARABICUS
ARABIA DESERTA.
OCEANI
ORIENTALIS
PARS.
MAR DI
INDIA.
NUBIA
GORHANI.
DANGALI.
MAGADOXA
MADAGASCAR
Lusitanis
S. LAURENTII INS.
Zaire Lacus
Zembre Lacus

L'AFRIQUE POLITIQUE

UN ATLAS PANAFRICAIN

Il y a quelque prétention à vouloir traiter de l'Afrique à l'échelle continentale. Les bons auteurs ne passent-ils pas leur temps à souligner le contraste des situations, à mettre au pluriel, tels Hervé Bourges et Claude Wauthier, les « cinquante Afriques », voire, comme Roland Pourtier, les « Afriques noires » ?* « Tenter une synthèse à la dimension continentale tient d'une gageure ; on est automatiquement ramené vers des réflexions sur la pluralité et le transitoire », note François Bart, professeur à l'université Bordeaux III et directeur d'un ouvrage – *L'Afrique, continent pluriel* – qui a relevé ce pari avec bonheur.
Il y a aussi quelque prétention à parler d'Europe, de la riche et froide Norvège (38 397 $ par habitant en 2004) à la Grèce ensoleillée, dont le PIB *per capita* (18 733 $) est inférieur à celui de la Guinée équatoriale (19 209 $). Or, pour le Vieux Continent, on hésite moins. Pourquoi ? En fait, la réticence à appréhender l'Afrique dans son ensemble se nourrit de mauvaise conscience. Non pas, on vient de le voir, en raison de l'existence de situations très différentes, à qui on ne rendrait pas justice. Car, à la limite, cet argument empêcherait de raisonner à l'échelle du Bénin : la vie d'un habitant de Cotonou n'a en effet que très peu en commun avec celle d'un compatriote à Kotopounga, un village dans le haut nord. Non, plutôt, parce qu'on sait confusément que l'Afrique existe seulement depuis que des voyageurs venus d'ailleurs l'ont embrassée de leur regard : jusque-là, faute de moyens pour franchir le continent ou pour y communiquer d'un bout à l'autre, en l'absence aussi de circumnavigation, les Africains ne se savaient pas habitants d'un même continent, « frères » d'un même destin. Mais ce destin commun, de même que la conscience qui en est née, s'est forgé précisément dans le clash de civilisations qu'a été, pour le meilleur comme pour le pire, l'intégration de l'Afrique dans le monde : à travers les traites négrières, l'exploration, la colonisation, une globalisation qui ne concerne pas seulement la sphère marchande...
Bien sûr, l'Afrique est éternelle, elle a toujours existé. Raison de plus de voir, dans le respect de sa diversité, ce qui fonde son unité, ce qui y fait lien. C'est donc à dessein qu'on n'opposera pas, ici, « l'Afrique noire » à « l'Afrique blanche », le *bilad al-Suddan* – le « pays des Noirs » – au pays des Arabes ou des Berbères. Il faut en finir avec une vision de l'Afrique qui, justement, lui est étrangère et antérieure à sa conscience de former un ensemble ; une vision qui plonge sa racine dans le mot – sémitique – *faraga*, « séparé de ». L'Afrique ne se situe plus en marge du monde, mais en constitue une partie intégrante et les Africains eux-mêmes ont salué leur avènement sur la scène internationale – comme acteurs indépendants et non plus comme éternelles victimes – par une revendication d'abord lyrique sinon épidermique, puis mieux fondée sur des faits : le panafricanisme. Comme l'Europe, l'Afrique a un passé tout en se construisant sous nos yeux.
Cet atlas a pour ambition de livrer les données essentielles d'un continent pleinement inscrit dans le temps universel. L'Afrique, le berceau de l'humanité, y est présentée comme un très vieux continent aujourd'hui peuplé, pour moitié, de jeunes de moins de 15 ans ; une terre pionnière hantée par les traumatismes de son histoire mais qui, depuis la chute du mur de Berlin, a pris son destin en main – en se saisissant d'une kalachnikov ou d'un bulletin de vote –, après avoir été sous tutelle pendant la colonisation, la guerre froide et, peut-être, avant de l'être à nouveau dans l'ordre mondial dit « anti-terroriste » qui s'instaure, une ère d'enjeux civilisationnels susceptible de la bouleverser en profondeur.

* Hervé Bourges et Claude Wauthier, *Les Cinquante Afriques*, Le Seuil, Paris, 1979.
Roland Pourtier, *Afriques noires*, Hachette Livre, Paris, 2001.

LE MILIEU NATUREL

« Berceau de l'humanité », l'Afrique est à l'origine du peuplement de l'Eurasie, comme en témoignent les découvertes des premiers hominidés bipèdes au Kenya, en Éthiopie et au Tchad. Ce continent de 30 millions de km², à 98 % de socle précambrien, se situe à cheval sur l'équateur, précisément du 37° 21' de latitude nord au 34° 51' de latitude sud. Les trois quarts de sa superficie sont ainsi compris entre les tropiques, ce qui fait de l'Afrique le continent le plus chaud de la planète. C'est aussi le continent le plus massif : 1 400 km² pour 10 km de côte contre, par exemple, 300 km² pour l'Europe.

LES ZONES CLIMATIQUES DE L'AFRIQUE DE L'OUEST

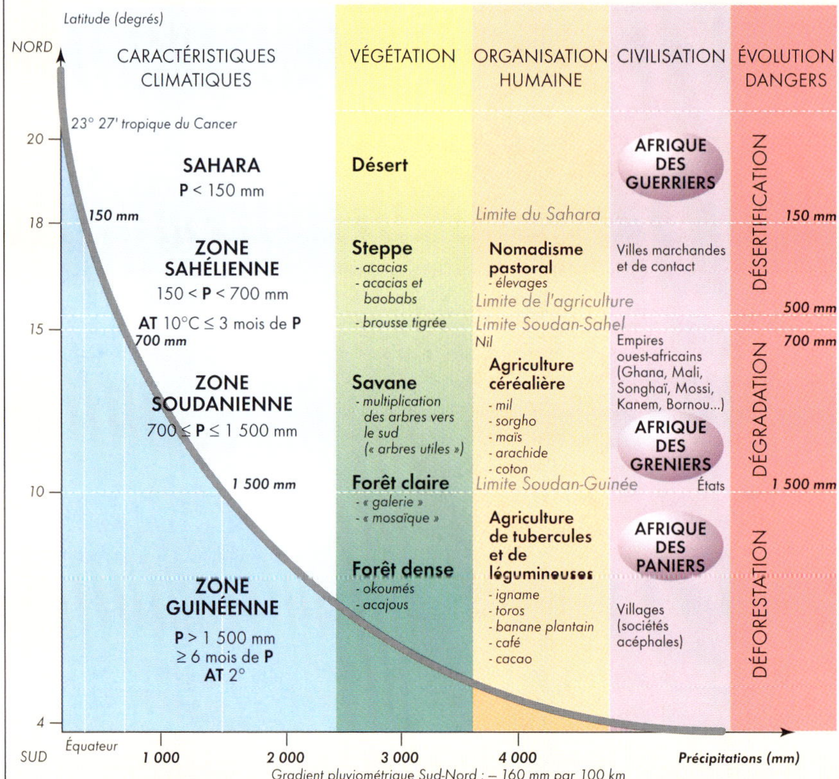

Définition du climat tropical
- deux saisons (saison des pluies et saison sèche);
- moyenne supérieure ou égale à 18° pour le mois le plus froid (pas d'hiver);
- plus de 500 mm de pluies par an (limite de l'agriculture sans irrigation et en dessous de laquelle il n'y a plus de rivières autochtones nées et entretenues localement).

D'après : P. Gourou.

Selon que la période est marquée par une bonne pluviosit
ou au contraire par la sécheresse
les isohyètes remontent vers le nord ou descendent vers le sud.

P Précipitations
AT Amplitude thermique

Ce graphique, ses légendes et se
commentaires conçus par Sylvie Brunel à partir des travaux de Gilles Sautter, Roland Pourtier, Pierre Gourou, Yves Lacoste et Georges Muttin, sont extraits de son ouvrage *L'Afrique*, publié aux éditions Bréal, 2004.

> ***À raison de 50 km à 100 km par génération, il ne faut pas plus de 15 000 ans pour aller d'Afrique orientale en Extrême-Orient.***
>
> YVES COPPENS, CITÉ DANS É. FOTTORINO, C. GUILLEMIN, É. ORSENNA, *BESOIN D'AFRIQUE*, FAYARD, 1992.

L'un des foyers originels de l'homme, l'Afrique n'est soumis

En 1978, trois paléontologues – Yves Coppens, Donald Johansson et Maurice Taïeb – ont découvert dans l'Afar éthiopien cinquante-deux os d'un même squelette. Il s'agissait d'un australopithèque vieux de 3 à 4 millions d'années qu'ils ont baptisé Lucy, d'après une chanson des Beatles – *Lucy in the Sky with Diamonds* – qu'ils écoutaient en boucle, le soir au campement. Depuis cette trouvaille, qui a établi la réputation de l'Afrique comme « berceau de l'humanité », d'autres découvertes, bien plus anciennes encore, notamment du Touma au Tchad (– 7 millions) et de « l'ancêtre du siècle », *Orrorin tugenesis* (– 6 millions), au Kenya, ont conforté l'hypothèse d'une migration originelle à parti de l'Afrique, dont les épisodes demeurent cependant controversés. De nombreux scientifiques remettent même e question l'origine unique, en Afrique, d l'*Homo sapiens* et soutiennent l'hypothèse de sa « naissance » multirégionale

LE MILIEU NATUREL

Source : J. Sellier, *Atlas des peuples d'Afrique*, La Découverte, Paris, 2003.

…un déterminisme géophysique

Un scénario de compromis voudrait qu'une migration initiale ait abouti à des croisements locaux, des métissages entre populations anciennes et plus récentes. Toutefois, ces questions sont difficiles à trancher sur la foi de quelques ossements et de dents dont la datation est elle-même sujette à caution. Mais l'Afrique a été indubitablement l'un des foyers originels de l'homme.

Héritière d'un long passé d'écosystèmes soumis à des changements fortement contrastés, avec des successions de phases sèches et fraîches et de phases chaudes et humides, l'Afrique constitue à la fois un muséum de « paléoenvironnements » et un laboratoire anthropologique extraordinaires. Toutefois, pas davantage que d'autres continents, elle n'est inféodée à un déterminisme géophysique, ni à une « nature hostile » ni à une « luxuriance tropicale », toutes deux parfois présentées comme des entraves au développement.

À l'instar de toutes les parties du monde, l'Afrique impose de multiples contraintes, mais offre aussi de nombreuses opportunités aux hommes qui s'organisent pour surmonter celles-ci et pour tirer le meilleur parti de celles-là. Si des coupures d'origine climatique (déserts, jungle) s'opposent à la communication, une grande variété de ressources naturelles (sous-sols, sols, forêts, faune, fleuves, etc.) représente des atouts en abondance.

LES INFRASTRUCTURES DE COMMU

La géographie des transports révèle la productivité des territoires. Celle-ci est dans l'ensemble très faible en Afrique, un continent aux infrastructures de communication très inégalement réparties. Entre l'Afrique du Nord et l'Afrique du Sud, les pôles de développement, l'Afrique subsaharienne souffre d'absence de routes praticables en toute saison, de voies ferrées, de ports bien équipés, d'une téléphonie fiable. Cependant, tout le continent se caractérise par la très forte extraversion de son trafic de marchandises, ce qui consacre la prééminence du littoral sur l'intérieur.

LES TRANSPORTS

Source : F. Bart, *L'Afrique. Continent pluriel*, Sedes, Paris, 2003.
Établie par Bernard Calas, réalisée par C. Réaud-Thomas.

CATION

Des transports lents et déséquilibrés

L'infrastructure portuaire est essentielle pour l'Afrique, le continent économiquement le plus extraverti – héritage de la colonisation –, dont la part du commerce destinée à d'autres régions du monde, par rapport à son PIB, était, en 1990, de 45 % (à comparer aux 12,8 % pour l'Europe, 13,2 % pour l'Amérique du Nord, 23,7 % pour l'Amérique latine et 15,2 % pour l'Asie). Or, 80 % des exportations africaines (voire 96 % des exportations sud-africaines) s'effectuent par la mer, contre seulement 1 % par voie aérienne.

Faute d'aménagements appropriés, la plupart des ports africains ne peuvent recevoir les plus gros porte-conteneurs. Le coût de la « cellule » (emplacement d'un conteneur sur un navire) y est entre 15 % et 22 % plus élevé qu'en Asie. La réalisation de la boucle logistique (aller-retour d'un conteneur) est de 150 jours en Afrique, de 130 jours en Amérique latine et de 102 jours en Asie. À cette lenteur s'ajoutent l'insécurité et de fréquents vols dans les ports africains.

Lent est aussi le transport sur un réseau ferroviaire des plus modeste. Au Cameroun, la vitesse moyenne des trains ne dépasse pas 35 km/h. En novembre 1999, l'introduction des trains-blocs a fait chuter le temps de voyage des marchandises entre le port kenyan de Mombasa et Kampala, la capitale ougandaise, de vingt-huit à douze jours. Depuis la suppression d'un changement de locomotive à la frontière, le 1er mai 2000, cette durée a encore été divisée par trois et n'est désormais plus que de quatre jours. De semblables gains de célérité, et donc de productivité, seraient également possibles sur le réseau routier si cessaient des contrôles tatillons sur des barrages de racket montés par des policiers et douaniers impayés par l'État.

L'Afrique représentait, en 2003, seulement 2,3 % du transport aérien mondial, soit plus de cinq fois moins que son poids démographique. Johannesburg, Casablanca, Le Caire, Nairobi et Addis-Abeba sont les plus importants *hubs* du continent, cependant que la plupart des voies aériennes en Afrique francophone continuent de passer par… l'aéroport de Roissy, à Paris.

L'inégalité des infrastructures de communication est extrême entre le cœur du continent et l'Afrique du Nord et, surtout, l'Afrique du Sud, qui, avec 21 000 km de voies ferrées (26 % du total au sud du Sahara), 58 000 km de routes goudronnées (17 % de l'Afrique subsaharienne), ainsi qu'un réseau téléphonique de 130 connections pour 1 000 habitants (19 pour 1 000 en Afrique noire), sert de tête de pont logistique au « raccordement » du continent à l'économie mondiale.

INTERNET ET TÉLÉPHONIE

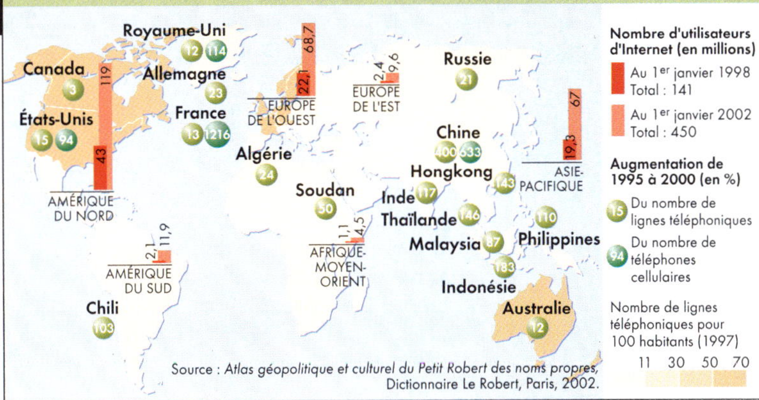

Source : *Atlas géopolitique et culturel du Petit Robert des noms propres*, Dictionnaire Le Robert, Paris, 2002.

> **Malgré l'importance du trafic routier, qui représente 70 % du fret transporté en Afrique de l'Est, seulement 10 % des routes au sud du Sahara sont revêtues. Au Cameroun, sur 50 000 km, 4 500 km étaient ainsi bitumés en 2004, dont les trois quarts en mauvais état.**

Une téléphonie « de prestige »

Aux carrefours de Kinshasa, la capitale de la République démocratique du Congo, des enfants vendent aux automobilistes des imitations de téléphones portables, symboles de statut par excellence. Avec l'appareil appelé « prothèse », on peut simuler des appels sans fil, voire des appels sur le très onéreux réseau satellitaire, cependant que le téléphone fixe ne marche plus qu'exceptionnellement dans une mégapole s'étendant sur 80 km le long du fleuve Congo et que les « sans-portable » doivent traverser chaque fois qu'ils veulent rencontrer quelqu'un, sans garantie de le trouver chez lui, faute de pouvoir prévenir...

En l'absence d'investissements dans le réseau filaire, le téléphone mobile connaît un essor fulgurant en Afrique : plus de 50 millions d'usagers en 2004, sept fois plus que quatre ans auparavant, et des perspectives de croissance qui feraient doubler le nombre de clients avant 2008. Cependant, un tiers d'entre eux se concentre dans la seule Afrique du Sud.

-A FRACTURE NUMÉRIQUE

LES INTERNAUTES PAR CONTINENTS EN 2003

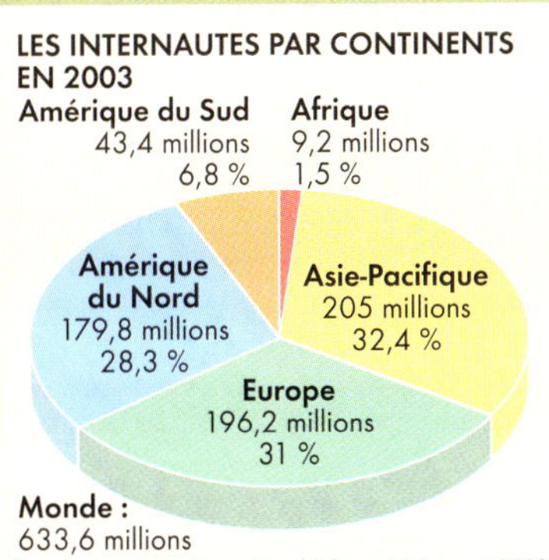

Source : *emarketer*, International Telecom Union, mai 2003. In *Bilan du Monde*, Le Monde, Paris, 2004.

LE MOBILE DÉPASSE LE FIXE

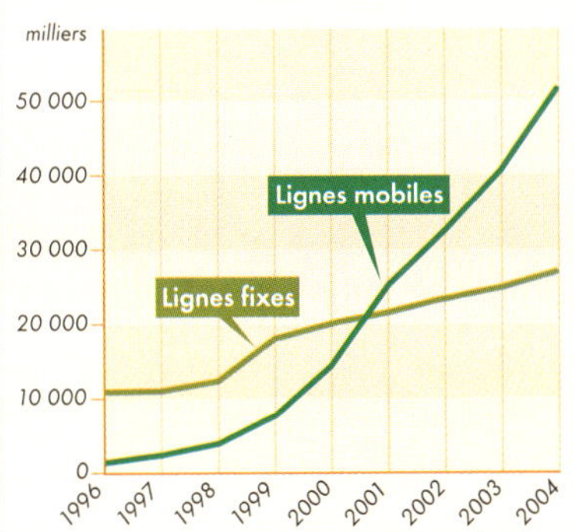

Source : UIT, Alcatel, J.A/L'Intelligent H. S. n° 6 "L'État de l'Afrique 2004".

LA DÉMOGRAPHIE

Au point culminant de sa fécondité, au milieu des années 1990, l'Afrique faisait jeu égal avec l'Europe : 719 millions d'habitants au sud de la Méditerranée, 728 millions sur le Vieux Continent. En 2050, selon les projections des Nations unies, l'Afrique comptera 1,8 milliard d'habitants, soit un cinquième de la population mondiale, et l'Europe moins de 650 millions. Le nombre des Africains doublera, bien que le taux de croissance démographique du continent baisse depuis le milieu des années 1990. Mais l'Afrique a amorcé sa transition démographique, rejoignant ainsi un schéma universel de développement.

« *La contraception, qui était pratiquée dans les années 1990 par à peine 10 % des femmes dans les pays subsahariens, devient moins exceptionnelle et les villes africaines ne croissent plus que pour un tiers de leur expansion du fait de l'exode rural.* »

PYRAMIDE DES ÂGES DE L'AFRIQUE ET DE L'EUROPE EN 2000

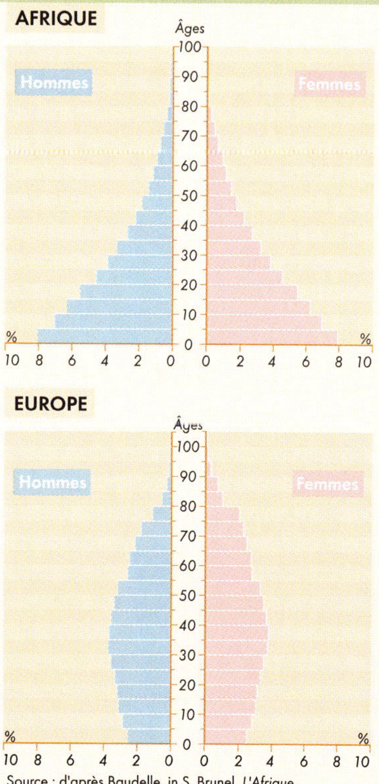

Source : d'après Baudelle, in S. Brunel, *L'Afrique*, Bréal, Paris, 2003.

Une jeune Afrique, voisine de la vieille Europe

C'est l'essor démographique le plus fulgurant que le monde ait connu : entre 1950 et 2000, l'Afrique a plus que quintuplé sa masse humaine, passant de 150 à 800 millions d'habitants. En l'espace d'un demi-siècle, le continent historiquement sous-peuplé a porté sa densité démographique de 5 habitants au km² à 28 hab./km², un chiffre supérieur à celui de l'Amérique (21 hab./km²) mais toujours largement inférieur à celui de l'Asie (120 hab./km²) et de l'Union européenne à 25 (114 hab./km²), voire à la moyenne mondiale (47 hab./km²). Comme pour les autres continents, la moyenne africaine masque de très fortes inégalités, entre « l'Afrique des pleins et des vides », de l'île Maurice (600 hab./km²) à la Namibie (2 hab./km²). Schématiquement, on peut distinguer le littoral méditerranéen, où le ralentissement est déjà perceptible, et trois ensembles subsahariens : d'un côté, les deux bastions de populations que sont l'Afrique de l'Ouest (40 %, en 2003, du total au sud du Sahara) et l'Afrique de l'Est (37 %) ; de l'autre, la diagonale d'un vide relatif qui s'étend du Soudan (11 hab./km²) à la Namibie en englobant tous les États forestiers de l'Afrique centrale, autour de la grande cuvette du fleuve Congo. On relèvera qu'à l'exception du Nil, du fleuve Sénégal et du Niger, les vallées fluviales n'accusent pas de fortes densités, aux antipodes de la situation en Asie, en raison d'une maîtrise toujours insuffisante en Afrique des techniques d'irrigation.

L'EXPLOSION DÉMOGRAPHIQUE DURANT LA SECONDE MOITIÉ DU XXe SIÈCLE s'explique par la persistance d'habitudes séculaires de procréation à un moment où les progrès de la médecine moderne, et notamment les premières campagnes généralisées de vaccination, ont endigué les grands fléaux (paludisme, maladie du sommeil, variole, tuberculose, syphilis et lèpre), tout comme les maladies infantiles auparavant endémiques (pneumonie, rougeole, poliomyélite et diarrhées), sans parler de la malnutrition. « Ce sont mes champs », disent les Kenyanes, championnes des grossesses rapprochées, de leurs enfants à naître. « L'Afrique a survécu à sa croissance démographique maximale », n'a pas hésité à écrire l'historien britannique John Iliffe, pour souligner le défi auquel le continent a dû faire face, au lendemain de son indépendance : les États issus de la décolonisation étaient censés former les trois quarts de leur population, âgés de moins de 30 ans, et leur trouver des emplois. Au milieu des années 1960, la première poussée scolaire a mis à rude épreuve les systèmes d'enseignement africains ; puis, au début des années 1970, la première génération épargnée par les grandes endémies est arrivée sur le marché du travail. Entre 1950 et 1990, la population d'Abidjan (Côte d'Ivoire) a été multipliée par 60, celle de Conakry (Guinée) par 50 – avec toutes les conséquences que l'on s'imagine pour les aménagements urbains !

Depuis le tournant du millénaire, cette « jeune Afrique » vit la fin de son exception démographique, du fait de la baisse de son taux de croissance (2,3 % au lieu de 3 %) mais, aussi, en raison de l'impact du sida (voir p. 66-67). En 2000, l'Afrique a ainsi enregistré 22 % des décès dans le monde, alors qu'elle ne représentait que 13 % de la population planétaire.

VILLES ET URBANISATION EN AFRIQUE

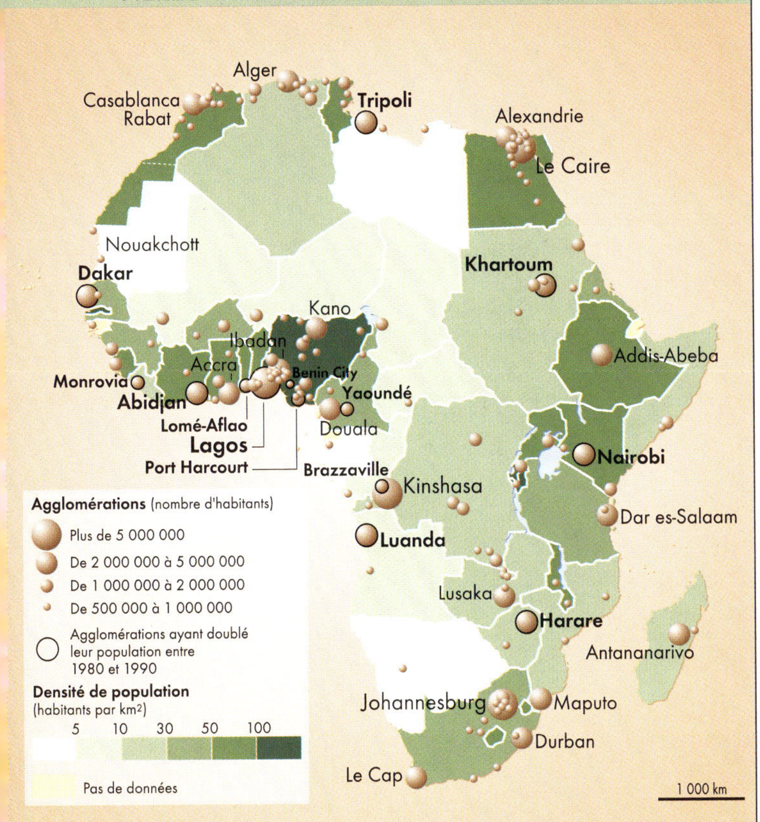

Du village au bidonville

L'Afrique ne vit plus dans des cases en paille mais, de plus en plus, dans des cabanes de bidonvilles. En 1900, elle était le continent le moins urbanisé : 3 % seulement de la population y vivait en ville, contre 9 % pour l'ensemble des pays en développement. Cependant, entre 1950 et 2000, sa croissance urbaine a été de 4,4 % – un record mondial, l'Amérique latine ne suivant qu'avec 3,5 % et l'Asie avec 3,4 % – aboutissant à multiplier par onze le nombre de ses citadins. Ceux-ci, en 2003, sont devenus majoritaires avec 55 % de la population, achevant ainsi le rattrapage urbain de l'Afrique par rapport au reste du monde.

Entre 1950 et 1970, l'exode rural a été la principale source de croissance urbaine, les deux tiers des nouveaux citadins venant des campagnes car, contrairement aux idées reçues, la proportion de la population au-dessous du seuil de la pauvreté y était, en moyenne, trois fois moins élevée que dans les villages et, à l'inverse, les chances d'accès aux principaux services publics (eau, électricité, soins dans santé) trois fois plus grandes. Toutefois, ce choix a perdu sa rationalité dans les années 1980, quand les habitants des villes africaines ont commencé à payer le prix fort de la pression migratoire – qui, depuis, a fortement diminué. Leurs revenus, auparavant bien supérieurs à ceux des ruraux, ont été laminés. En 1988, en Tanzanie, le salaire minimal réel était revenu à celui que l'administration coloniale britannique avait fixé pour les travailleurs non qualifiés en… 1939. À cette paupérisation s'est ajoutée une forte dégradation de l'environnement des citadins, qui vivent de plus en plus dans des taudis, dans l'insalubrité. En 2025, désormais essentiellement du fait de leur croissance propre, les villes africaines devront abriter environ 600 millions de personnes, contre 209 en 2000 et 19 millions en 1950.

POURCENTAGE DE LA POPULATION URBAINE PAR RÉGION EN 2000

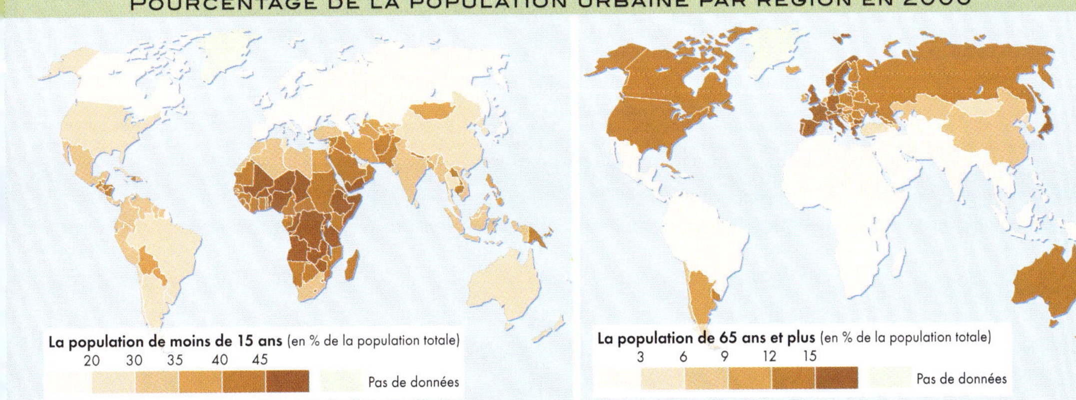

Source : World Bank, 2002. In Atlas des pays du monde, Larousse, Paris, 2004.

L'ETHNIE

En Afrique, l'ethnie souffre de deux maux extrêmes : la volonté de figer le continent en une « mosaïque tribale », qui serait une donnée naturelle, et, à l'opposé, la « déconstruction de l'objet ethnique » qui ne serait qu'une fiction, un discours inventé par les colonisateurs que les élites locales se seraient simplement approprié. Or, à l'instar de la nation longtemps réservée aux civilisations occidentales, l'ethnie est un fait de conscience qui, aussi discutables que soient son origine et son bien-fondé, devient d'autant plus réel qu'il est partagé.

LA DIVERSITÉ DES POPULATIONS DU CONTINENT AFRICAIN

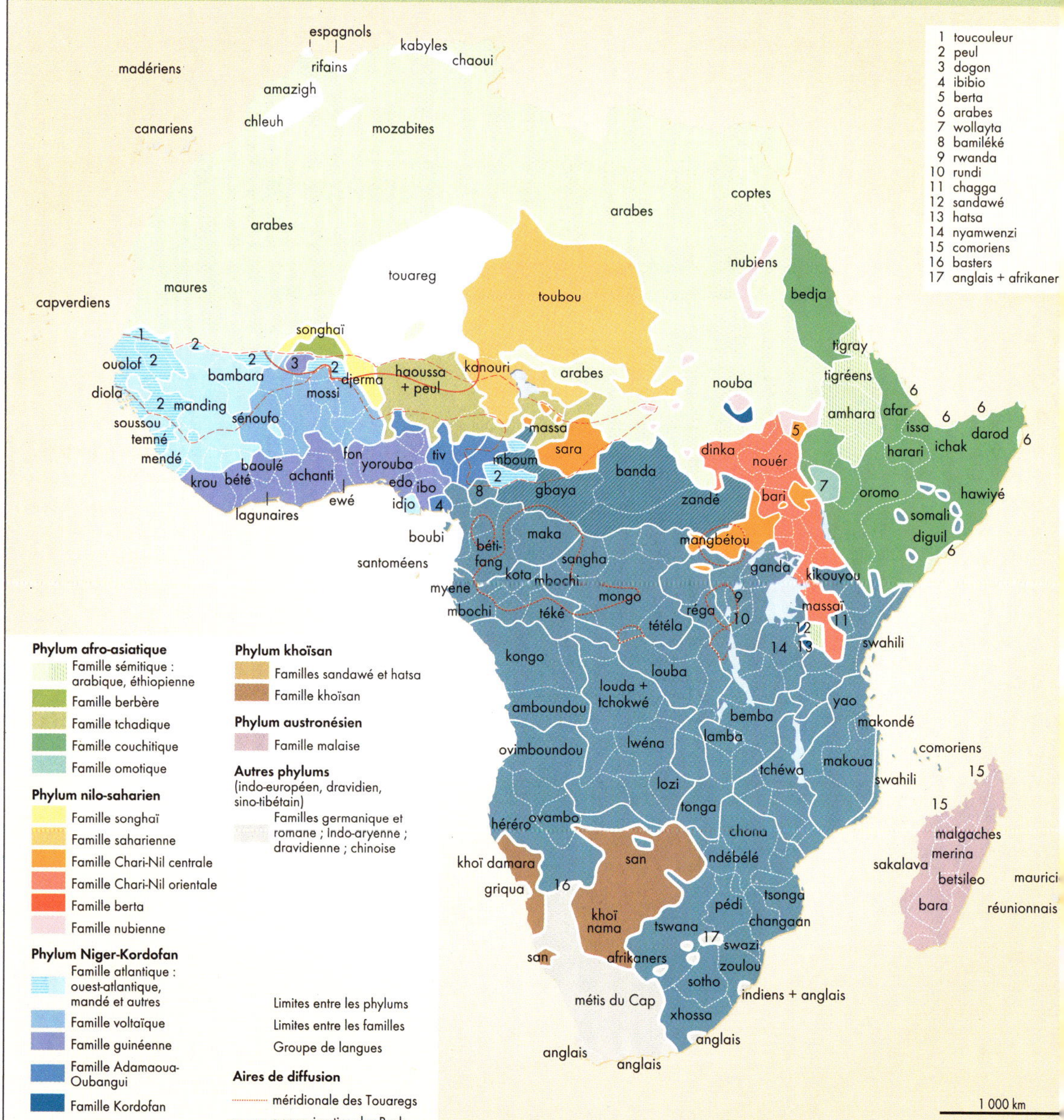

Source : F. Bart, *L'Afrique, continent pluriel*, Sedes, Paris, 2003
Établie par J.-C. Bruneau, réalisé par G. Réaud-Thomas

UNE COMMUNAUTÉ RÉCENTE

Source : J.-L. Amselle et E. M'Bokolo, *Au cœur de l'ethnie*, La Découverte, Paris, 1999. P. Biarnès, *Les Français en Afrique noire de Richelieu à Mitterrand*, Armand Colin, Paris, 1987.

L'EXEMPLE DES BÉTÉS

Comment naît une tribu ? Le cas des Bétés Ivoiriens est instructif. Ils sont « une création coloniale » – intitulé de l'étude que leur a consacrée, en 1985, le chercheur Jean-Pierre Dozon –, dans la mesure où ils doivent leur nom aux appels à la clémence – « bete o ! », doucement ! – qu'ils proféraient pour calmer les ardeurs répressives pendant la pacification de la région, entre 1907 et 1912, par le colonisateur français. À celui-ci, ils doivent également leur fief, un triangle de 15 000 km², délimité par le réseau routier créé par l'occupant entre les villes de Daloa, Soubré et Gagnoa. En revanche, ils ont eux-mêmes revendiqué le stéréotype colonial des « fortes têtes » de la résistance lorsque, fuyant le travail forcé et l'enrôlement pendant les deux guerres mondiales, ils ont émigré en nombre dans les villes côtières où, en tant que Bétés, ils se sont entraidés.

La persistance de la conscience ethnique

L'ethnie – de fait synonyme de tribu – est définie comme une parenté élargie, réelle ou imaginaire, le rattachement revendiqué par les membres d'un groupe, qui ont souvent une langue commune, à un ancêtre connu ou fictif. Il existerait près de 2 000 ethnies en Afrique, une soixantaine rien qu'en Côte d'Ivoire, plus de 200 au Nigeria, environ 350 au Congo-Kinshasa. À l'intérieur de la communauté, il s'agit d'un lien de solidarité primordiale ; vu de l'extérieur, d'une carapace collective qu'il n'est pas toujours aisé de percer. Mais le dedans et le dehors se conjuguent pour fonder la distinction constitutive du fait ethnique. Celle-ci n'est pas toujours flatteuse, comme en témoignent les noms donnés, par leurs voisins ou conquérants, aux Berbères (barbares), Éthiopiens (faces brûlées), Gallas (sauvages), Kirdis (païens), Falis (esclaves), Pygmées (hauts d'un pouce), Bochimans (broussards) ou Hottentots (bègues).

AU LENDEMAIN DES INDÉPENDANCES africaines, dans un contexte idéologique de culpabilité expiatoire, l'hypothèse de la « banalisation sociologique » tenait le haut du pavé académique, l'ethnie ne semblant être qu'un fait résiduel, sinon un legs colonial. Cependant, avec la crise économique des années 1980, puis la démocratisation de l'Afrique après la fin de la guerre froide, une nette « re-tribalisation » du continent s'est opérée, l'ethnie se révélant un puissant vecteur de cohésion et de mobilisation. Sa manipulation à des fins politiciennes a alors donné naissance à un néologisme péjoratif, « l'ethnicité », l'équivalent de ce que le nationalisme est à la nation dans le contexte européen.

L'AFRIQUE HEUREUSE n'aura-t-elle plus d'ethnies ? « Pour le bien de la Nation, la tribu doit mourir », était l'un des slogans phare du Front de libération du Mozambique (Frelimo) lors de sa prise de pouvoir, en 1975, opposant un bien explicite à un mal sous-entendu. Dans les termes du sociologue allemand Max Weber, à la fois la nation et la tribu sont des « identités collectives présumées » et, en tant que telles, des « artefacts politiques » faciles à manipuler. Un peuple, un territoire, une seule nation ou ethnie : voilà le cri de ralliement du nationalisme ou de l'ethnicité. De là à la guerre, ou à l'épuration, le basculement n'est jamais loin. Mais ce n'est pas parce que la digue peut rompre qu'il faut condamner la retenue identitaire que sont les nations ou ethnies. La vieille Europe a appris à faire de la politique, pacifiquement, avec l'État-nation. Est-il inconcevable que des États-nations en Afrique réconcilient entre elles des communautés souvent fort différentes, au nom d'une citoyenneté à partager ?

> ***« En tant que communauté d'appartenance que ses membres se reconnaissent, l'ethnie est une affaire subjective. Sa souche peut être réelle ou imaginaire. Elle se forge sous le regard des autres, dont les colonisateurs – ce qui implique bien des clichés. »***

LA DIVERSITÉ LINGUISTIQUE

Si la conquête arabe a unifié l'Afrique septentrionale par la langue du Coran, sans toutefois éviter la « dialectisation » de celle-ci et sans effacer les langues berbères, l'Afrique au sud du Sahara se caractérise par une richesse linguistique exceptionnelle : avec près de 2 000 langues parlées par des communautés d'importance très variée, des quelques centaines de locuteurs du mbugu (Tanzanie) aux 60 millions de swahiliphones, le continent noir est le réceptacle de près d'un tiers des langues vivantes dans le monde. Le multilinguisme n'y est pas l'exception, mais la règle.

Les langues précoloniales

L'Afrique subsaharienne est un laboratoire de langues précoloniales à la diffusion souvent fort ancienne. Ses deux grandes souches (phylum), la famille nigéro-congolaise (aussi appelée nigéro-kordofanienne) et celle des langues nilo-sahariennes, ont dû faire face à l'expansion des langues afro-asiatiques venues du nord. Parallèlement, par une diffusion préhistorique contournant la forêt équatoriale difficilement franchissable, s'est constitué, à partir du Niger-Congo, le bantou, qui a rayonné sur l'hémisphère austral en empiétant sur le foyer de la plus ancienne famille, celle des langues khoïsan (hottentotes-bochimanes). Par ailleurs, l'austronésien est arrivé à Madagascar par la mer, avant que le néerlandais gagne Le Cap puisque d'autres langues indo-européennes ne s'implantent sur l'ensemble des côtes et, pour finir, à l'intérieur du continent, à la faveur de la colonisation.

LES GRANDES AIRES LINGUISTIQUES

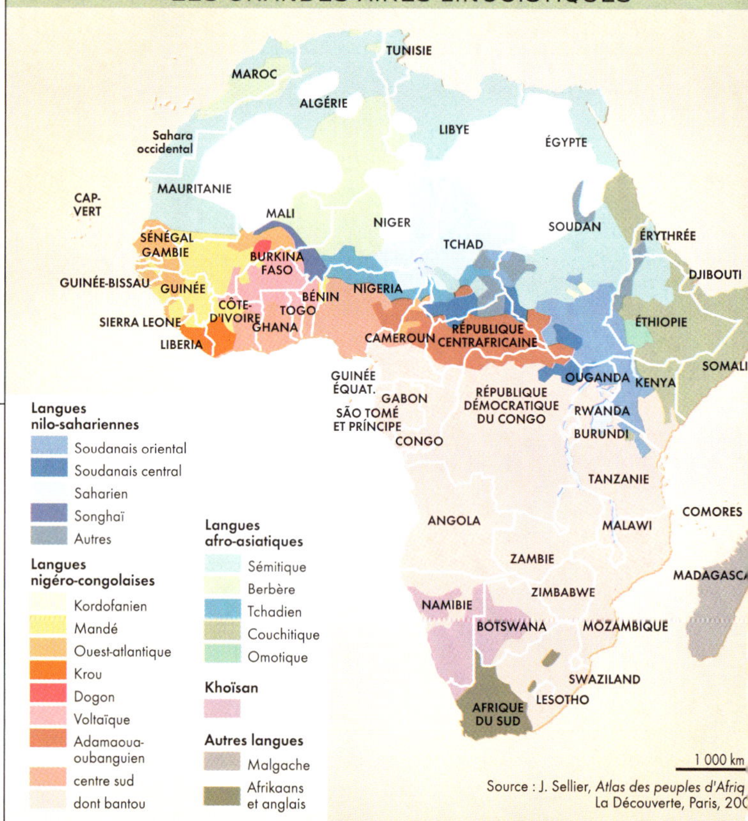

Source : J. Sellier, *Atlas des peuples d'Afriq*
La Découverte, Paris, 20C

LA BABEL AFRICAINE

Le poids et le statut des multiples langues pratiquées en Afrique sont très différents. L'arabe l'emporte, et de loin, par le nombre de ses locuteurs (plus de 150 millions). C'est également une langue qui s'écrit, tout comme les langues d'Éthiopie (l'amharique, le tigréen ou tigrinya et l'oromifa). Mais la « littérisation » est l'exception parmi les langues africaines. En revanche, tel l'arabe, le swahili, au demeurant né comme *lingua franca* arabisante, sert en Afrique de l'Est de langue véhiculaire, à l'instar du ouolof au Sénégal, du dioula, haoussa ou peul dans la bande soudano-sahélienne, du lingala le long du fleuve Congo ou du kikongo, à cheval entre les deux États congolais et l'Angola.
Le plurilinguisme s'impose en Afrique, de fait ou de droit. Certains États confèrent le prestige de langue nationale à un nombre élevé d'idiomes : l'Afrique du Sud (11), l'Éthiopie (7), la République démocratique du Congo (4).

> « *La grande révolution, c'est l'arrivée de l'écriture aux mains de gens qui n'avaient que la parole. La parole, qui devait se perdre dans la grande forêt vierge, prend maintenant signes, s'inscrit sur des pages qui deviennent livres.* »
>
> TCHICAYA U'TAMSI, ÉCRIVAIN CONGOLAIS.

LE POIDS DES LANGUES OFFICIELLES

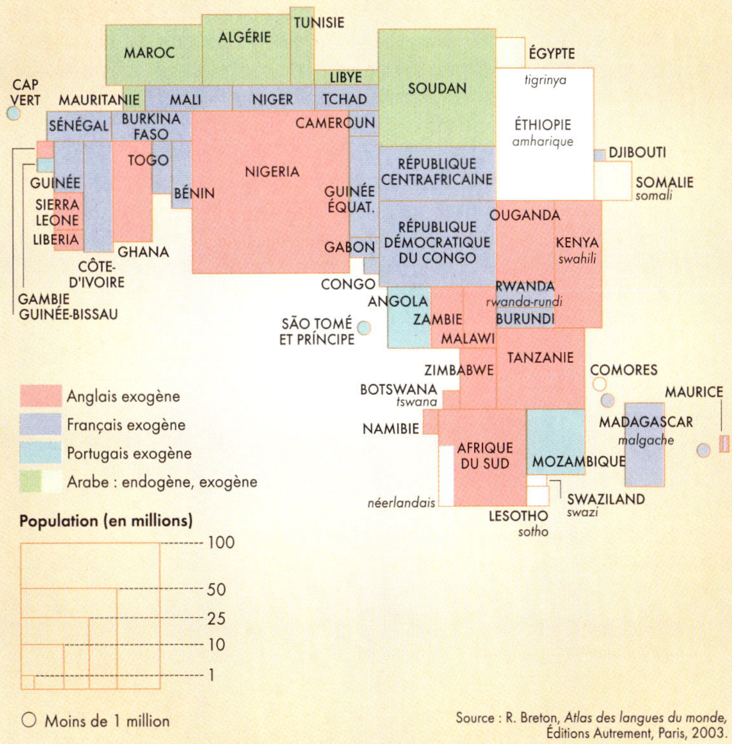

Source : R. Breton, *Atlas des langues du monde*, Éditions Autrement, Paris, 2003.

Langues d'importation, cultures d'exportation

Rares sont les langues officielles des États africains à n'être pas d'origine extérieure : dans toute l'Afrique septentrionale, de la Mauritanie à l'Égypte, c'est l'arabe ; en Afrique de l'Ouest et en Afrique centrale, ce sont le français, l'anglais, le portugais et l'espagnol ; en Afrique australe, l'afrikaans en plus. En Afrique du Nord, après la fin de la colonisation, l'arabisation, parfois forcée, a constitué un enjeu politique de tout premier ordre. En revanche, au sud du Sahara, la langue européenne de legs colonial a très souvent continué à monopoliser les fonctions sociales supérieures dans l'administration, dans l'enseignement, dans les médias et dans l'économie moderne, provoquant ainsi un divorce supplémentaire entre l'élite et le plus grand nombre. Or, la diffusion et la maîtrise réelles des langues « importées » y sont faibles (par exemple, moins de 10 % de la population pour le français au Sénégal). Là où la langue importée est vraiment importante, comme en Côte d'Ivoire ou au Nigeria, des formes créolisées tendent à supplanter l'idiome international. Aussi, sans même évoquer la faiblesse des réseaux locaux de distribution, qui est autant une cause qu'une conséquence, la production littéraire – et, plus largement, culturelle – dans la plupart des pays africains manque de s'enraciner dans le terroir dont elle prétend être l'émanation. Car, du seul fait de la langue d'expression choisie pour obtenir prestige et subsides internationaux, l'œuvre est un produit d'exportation. Toutefois, c'est en même temps sa formidable vitalité linguistique qui constitue un atout majeur pour l'Afrique, très couramment polyglotte. Outre sa langue maternelle, l'Africain moyen – du moins au sud du Sahara – maîtrise fréquemment deux ou trois langues de groupes voisins, plus l'idiome véhiculaire régional et, surtout en ville, la ou les langues officielles. Ce « polymorphisme linguistique » est un gage de décloisonnement identitaire et, à terme, une capacité propre à faciliter l'accès à l'universel.

LES GÉANTS POLYGLOTTES

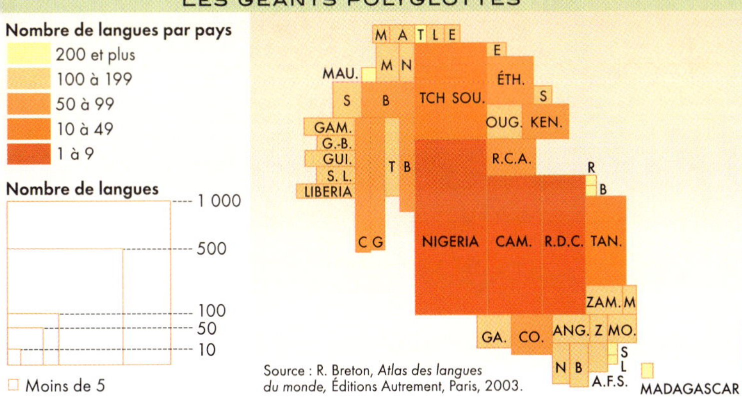

Source : R. Breton, *Atlas des langues du monde*, Éditions Autrement, Paris, 2003.

ÉCONOMIE, ENDETTEMENT, INSERTION

L'économie africaine est extrêmement faible. Elle repose sur l'agriculture, qui emploie toujours plus de la moitié de la population, sans assurer l'autosuffisance alimentaire, et sur l'exportation de matières premières, minières ou agricoles. La productivité sur le continent est infime : en 2002, 800 millions d'Africains produisaient moins de la moitié des richesses créées par à peine 60 millions de Français. Loin d'être comblé, le fossé se creuse entre l'Afrique – le seul continent à avoir globalement reculé pendant les deux dernières décennies du XXe siècle – et le reste du monde.

Le décrochage de l'Afrique

Selon l'historien britannique John Iliffe, la part de l'Afrique dans l'économie-monde est arrivée à la fin du XXe siècle « vraisemblablement à son point le plus bas depuis un millénaire ». Ce recul est inégal : deux pôles d'un développement relatif, l'Afrique du Nord et l'Afrique du Sud, assuraient en 2003 chacun 40 % du PNB continental, cependant qu'une quarantaine d'États subsahariens s'enfonçaient dans un trou noir (avec des exceptions, du Mali à l'île Maurice en passant par le Ghana et le Botswana). Toutefois, à l'échelle continentale, le recul relève d'une tendance lourde : en 1960, aux indépendances, le continent participait à hauteur de 14 % au commerce mondial, alors qu'il représentait 9 % de la population mondiale ; en 2003, alors que son poids démographique frôlait les 14 %, sa part dans les échanges mondiaux était inférieure à 2 %. Dans la longue durée, même en tenant compte de l'incertitude statistique à cette échelle, le décrochage de l'Afrique apparaît désespérant par rapport à l'emballement de la croissance dans le reste du monde : sauf à l'époque coloniale, pendant laquelle le continent africain a presque doublé son PIB par tête d'habitant (une performance comparable à celle des autres grandes régions du monde au même moment), l'Afrique a, avant, stagné et, après, été distanciée non seulement par l'Europe et le Japon, mais aussi par l'Amérique latine, voire l'Asie sans l'archipel nippon.

LE PIB PAR HABITANT

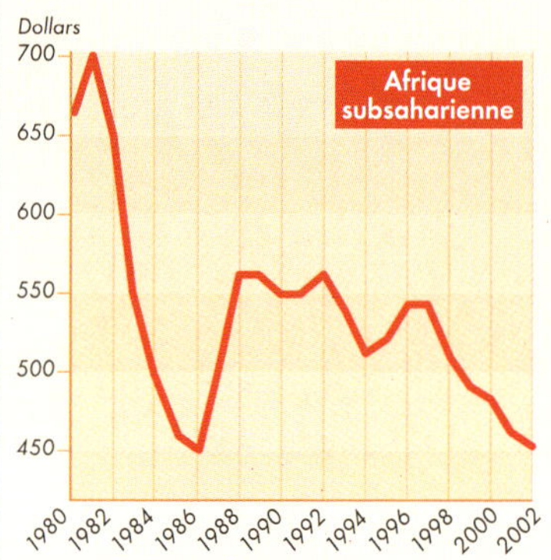

Source : World Bank, in *The Economist*, 17 janvier 2004.

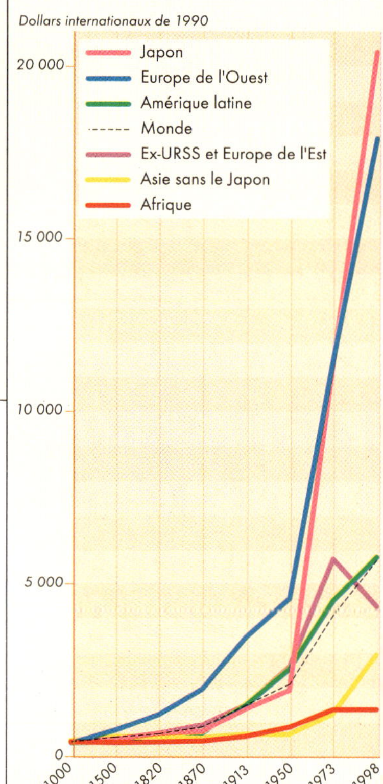

Source : d'après A. Maddison, *L'Économie mondiale*, OCDE, 2001. In S. Brunel, *L'Afrique*, Breal, Paris, 2003

L'AFRIQUE ET L'ASIE

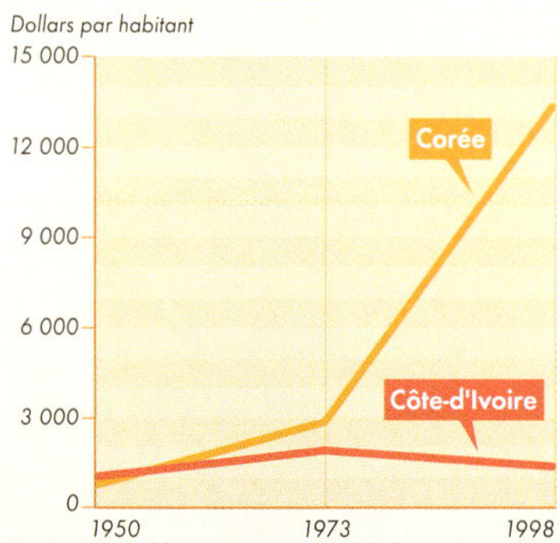

Source : A. Maddison, *L'économie mondiale. Une perspective millénaire*, OCDE, 2001. In S. Brunel, *L'Afrique*, Bréal, Paris, 2003.

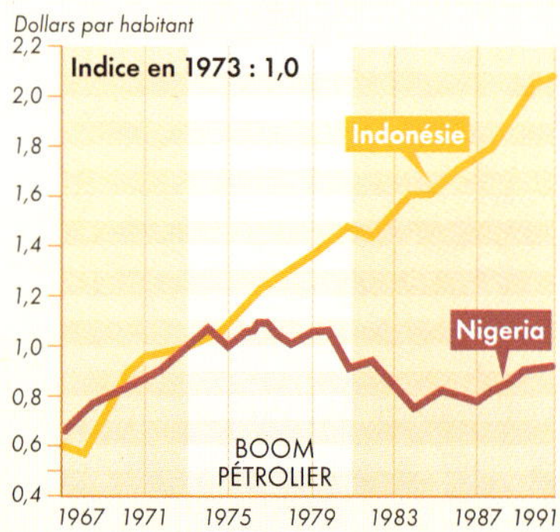

Source : Banque mondiale.

LE MATCH AFRIQUE-ASIE

En 1950, la richesse par tête d'habitant en Côte d'Ivoire était supérieure à celle de la Corée du Sud. Un demi-siècle plus tard, elle n'en est plus qu'un dixième. Jusqu'en 1973, le Nigeria était aussi riche que l'Indonésie, avant de se faire distancer par ce pays, au plus fort du boom pétrolier. Outre sur le « bienfait » de la manne pétrolière, ces comparaisons font réfléchir sur les prétendus « blocages culturels » du développement : hier en Asie, aujourd'hui en Afrique.

L'épuisement des rentes

La plupart des économies africaines sont des économies de rente, soit agricole, soit minière. Ce modèle induit une grande, voire extrême, dépendance du commerce extérieur – et, donc, de la balance des paiements et des rentrées en devises de l'État – d'un nombre très réduit de produits, parfois d'un seul, souvent le pétrole. Or, entre 1950 et 2000, la valeur des exportations africaines a été divisée par trois. Et la relève par une diversification industrielle et la transformation sur place des matières premières n'est pas en vue. Dans les années 1970, proclamées « décennie de l'industrialisation de l'Afrique » par la Banque mondiale, un pays comme la Côte d'Ivoire affichait des taux de croissance de sa production industrielle de l'ordre de 15 %. Mais ce ne fut qu'un feu de paille. Le racket fiscal et le népotisme des élites africaines ont scellé la victoire du vieux comptoir sur l'usine neuve, du négoce sur la production.

DÉPENDANCE VIS À VIS DES EXPORTATIONS

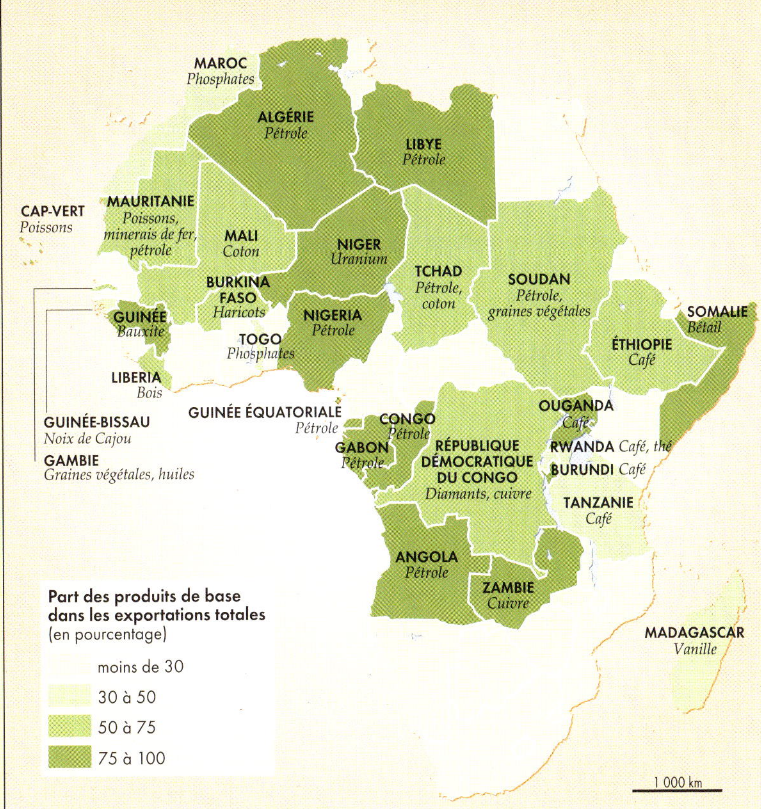

Le fardeau de la dette

En 2001, la dette extérieure publique et privée de l'Afrique subsaharienne a été évaluée par le FMI (qui classe l'Afrique du Nord avec les pays du Golfe) à 210 milliards de dollars, soit moins d'un dixième de la dette globale des 187 pays en voie de développement (PVD). Le service de la dette – le remboursement annuel de la part du capital dû assortie des intérêts – représentait alors 16 % des exportations du continent, contre 20 % pour l'ensemble des PVD. Mais la dette s'élevait alors toujours à près de 60 % des PNB des États africains, contre moins de 30 % pour l'ensemble des PVD. Sauf pour de rares exceptions, les multiples annulations et mesures d'allègement dont l'Afrique a bénéficié n'ont pas vraiment diminué le fardeau pesant sur les budgets, souvent consacrés pour moitié aux remboursements. La dette africaine a triplé depuis le début des années 1980 et, au début du nouveau millénaire, de plus en plus de voix réclament l'annulation totale des dettes publiques.

> « *En 2002, sur 534 milliards de dollars de capitaux privés investis dans le monde, l'Afrique a reçu 6 milliards – alors qu'au regard de son poids démographique, elle aurait dû en recevoir 75 milliards.* »

EXEMPLE : LE MALI

Pays sahélien de 10 millions d'habitants, le Mali, premier exportateur de coton-graine en Afrique de l'Ouest, s'est longtemps affaissé sous le poids de sa dette. En 2001, le Mali ayant bénéficié de l'initiative d'allègement de la dette pour les pays pauvres les plus endettés (PPTE), le service de sa dette a diminué de 17,2 %. Fin 2004, sa dette extérieure était de 2,8 milliards de dollars, soit 9,2 % de ses exportations mais toujours 19,8 % de ses recettes budgétaires.

LA DETTE DU MALI

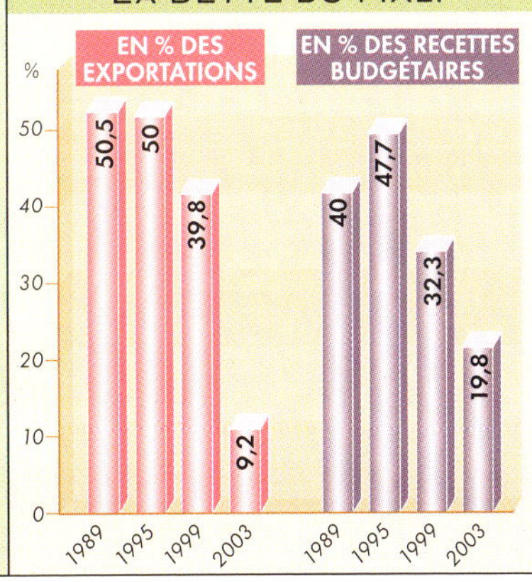

PAUVRETÉ, SÉCURITÉ ALIMEN

L'Afrique est le continent de la faim, le seul de la planète où la malnutrition – à l'origine de la moitié des décès des enfants de moins de cinq ans – progresse. Cette pauvreté, si répétitive à travers les catastrophes humanitaires rapportées par les médias, finit par apparaître permanente voire atemporelle, « non pas un produit de l'ordre social dominant mais l'équivalent d'une catastrophe imprévisible, quelque chose comme un désordre climatique », comme l'a relevé Rony Brauman, président d'honneur de Médecins sans frontières (MSF). Or, le cliché est réalité et mérite explication.

LES RISQUES ALIMENTAIRES

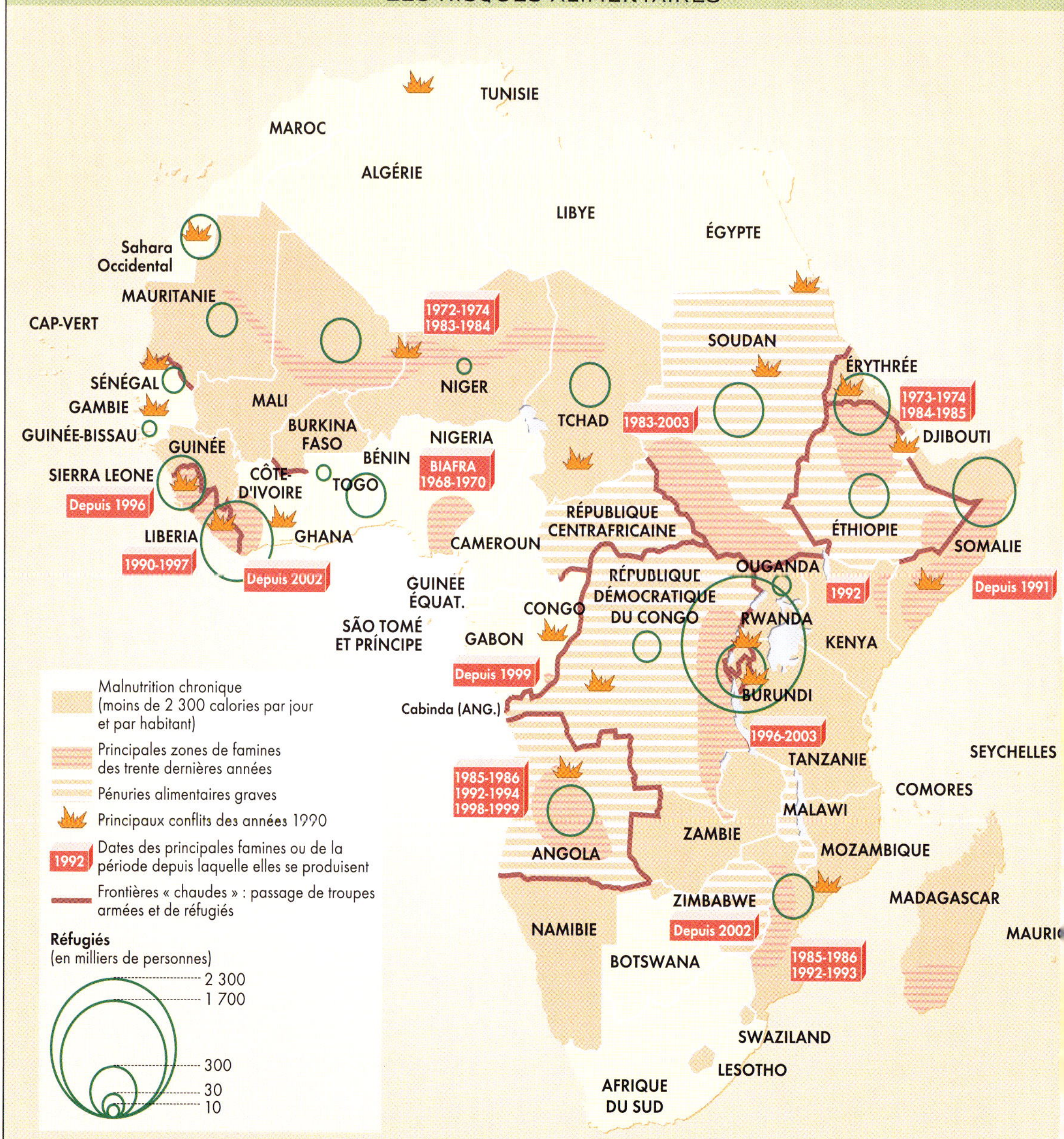

Source : S. Brunel, *L'Afrique*, Bréal, Paris, 2004.

L'INDICATEUR DE DÉVELOPPEMENT HUMAIN

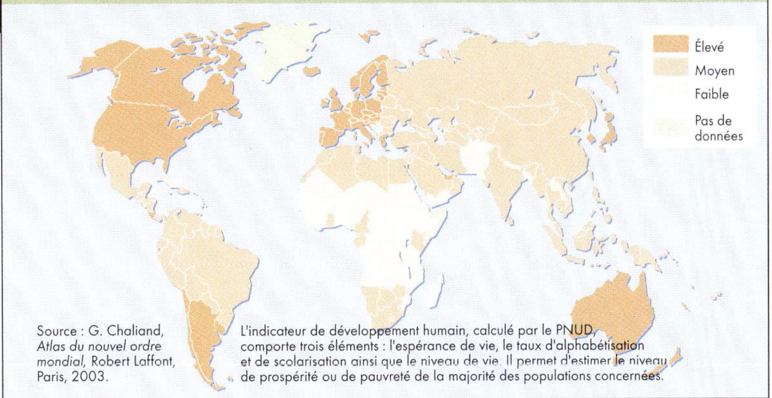

Source : G. Chaliand, *Atlas du nouvel ordre mondial*, Robert Laffont, Paris, 2003.

L'indicateur de développement humain, calculé par le PNUD, comporte trois éléments : l'espérance de vie, le taux d'alphabétisation et de scolarisation ainsi que le niveau de vie. Il permet d'estimer le niveau de prospérité ou de pauvreté de la majorité des populations concernées.

Les raisons d'une pénurie chronique

Les enfants squelettiques du Biafra à la fin des années 1960 ; les sécheresses et crises alimentaires du Sahel des décennies 1970-1980 ; les grandes famines à répétition dans la Corne de l'Afrique et, notamment, en 1984 et 2003, en Éthiopie ; l'opération « militaro-humanitaire », au début des années 1990, en Somalie, pour venir au secours d'une population affamée par des seigneurs de la guerre ; les alertes annuelles des organismes spécialisés des Nations unies – ce ne sont là que les temps forts, médiatiques, d'une misère durable : seulement 13 pays africains – sur 53 au total – offrent à leur population, du moins statistiquement, une ration calorique quotidienne suffisante. Ces exceptions sur le plan alimentaire sont l'Afrique du Sud, les pays de l'Afrique du Nord et quelques États dans le golfe de Guinée. Les autres, soit 44 des 48 pays subsahariens, souffrent de malnutrition chronique et dépendent de l'aide extérieure. Leurs habitants (sur)vivent avec moins de 2 300 calories par jour (et souvent avec moins de 1 800, le seuil de la famine), alors que l'ONU estime qu'il faut en moyenne une disponibilité alimentaire de 2 700 calories par jour et par personne.

Cet échec ne s'explique pas par les seuls cataclysmes naturels (sécheresse, inondations, invasions acridiennes), qui ne sont que des facteurs aggravants. Il est dû à de mauvaises politiques, aux fréquentes guerres (civiles), à l'effondrement de l'État postcolonial, entraînant insécurité et anarchie. Il est aussi la conséquence d'une productivité insuffisante, de techniques agricoles archaïques, de l'encadrement défaillant des paysans africains (55 % de la population du continent, en 2004). L'ensemble de ces facteurs, d'ordinaire résumé comme « sous-développement », aboutit au paradoxe, souligné par Sylvie Brunel (*L'Afrique*, 2003), que « les trois quarts des malnutrits sont des ruraux » et qu'en Afrique « plus un pays compte d'agriculteurs, plus il souffre de la faim ». Les citadins vivent des importations, aides et achats confondus, qui s'élevaient, en 2000, à 50 millions de tonnes, alors que l'Afrique était, à son accession à l'indépendance, autosuffisante sur le plan alimentaire.

> ***« En Afrique, le pourcentage de terres irriguées est le plus faible au monde : moins de 10 % des terres cultivées (4 % seulement en Afrique subsaharienne). L'absence de maîtrise de l'eau dans l'agriculture est un facteur clé de l'insécurité alimentaire. »***

Des défaillances dans l'organisation sociale du travail

Le Programme des Nations unies pour le développement (PNUD), qui publie chaque année un rapport sur le « développement humain » dans le monde, inclut dans son indice agrégé non seulement l'impécuniosité – le manque de revenus – mais aussi la pauvreté d'existence, définie comme « absence de potentialités et de capacités ». À la pénurie matérielle et, par exemple, l'absence de soins médicaux ou d'écoles, s'ajoute ainsi une « pauvreté humaine » qui n'est pas seulement infligée et subie, mais qui résulte des conditions sociales et politiques des pays démunis. À ce titre aussi, l'Afrique est le continent le plus pauvre car, en dépit de ses atouts naturels (30 % des réserves minérales mondiales, 15 % des terres arables, 20 % du potentiel hydroélectrique), elle ne parvient pas à créer des richesses : en 2003, le produit national brut (PNB) de la France, avec moins de 60 millions d'habitants, était trois fois supérieur à celui de l'Afrique toute entière, avec plus de 800 millions d'habitants !

Cette pauvreté n'est pas conjoncturelle, la seule conséquence d'une « dégradation des termes de l'échange » ou d'autres iniquités du commerce international. Elle s'inscrit dans la longue durée et traduit des défaillances persistantes dans l'organisation sociale du travail : en 1820, le revenu par habitant en Europe de l'Ouest était 2,9 fois supérieur à celui de l'Afrique ; en 1992, ce rapport était de 13,2. En sens inverse, en 1970, le revenu moyen africain représentait 14 % du revenu *per capita* des pays industrialisés, contre 7 % en 2002. Le fossé Nord-Sud ne cesse donc de se creuser. Or, l'appauvrissement durable de l'Afrique contraste avec une amélioration relative de la situation du tiers monde dans son ensemble : ainsi, alors qu'elle assurait au milieu des années 1960 plus de 17 % des exportations agricoles des pays en voie de développement, l'Afrique est passée à 8 % trente ans plus tard, malgré de multiples accords censés l'avantager. De même, en dépit des préférences commerciales offertes par l'Union européenne, l'Afrique a vu sa part du marché européen diminuer, entre 1976 et 1994, de 6,7 % à 2,8 %.

Il faut survivre pour aller à l'école, et il faut avoir été à l'école pour survivre. Ainsi se résume le cycle infernal qui condamne les deux espoirs d'un avenir meilleur pour l'Afrique : les enfants et les femmes, leurs mères ignorantes car, en 2003, analphabètes pour les deux tiers d'entre elles. D'où une mortalité record, maternelle et infantile. Sur le continent le plus proche de l'Europe, 175 nouveau-nés sur 1 000 n'atteignent pas l'âge de 5 ans. Seulement 57 % des survivants sont scolarisés et, parmi ces derniers, 27 % terminent le cycle élémentaire d'études.

Une politique de vains efforts

À l'orée des indépendances, en 1960, il existait au sud du Sahara – l'Afrique du Sud exceptée – seulement dix universités. On ne comptait alors que 7 000 étudiants africains en France. Cas extrême, l'ex-Congo belge disposait de 17 diplômés au moment d'accéder à la souveraineté. Or, entre 1960 et 1985, le nombre d'enfants scolarisés dans les écoles primaires d'Afrique noire a été multiplié par quatre, par six pour les écoles secondaires et par vingt pour les étudiants à l'université. L'effort financier en matière d'éducation a été exceptionnel, par rapport au PIB du continent, dix fois supérieur à celui des pays européens ! Mais les résultats n'ont pas été à la hauteur des attentes : par exemple au Sénégal, un pays stable et parmi les plus aidés, dix enfants devaient se partager, en 2003, un livre de calcul et il aurait fallu y créer 3 500 classes pour doubler le taux de scolarisation, qui n'était alors que d'un tiers des enfants.

Les raisons de l'échec éducatif sont multiples et les responsabilités partagées : priorité donnée à l'enseignement secondaire et supérieur, mauvaise gestion des écoles transformées en garderies, avec des classes surchargées et des maîtres insuffisamment formés et équipés, souvent impayés pendant des mois... Dès le milieu des années 1980, les programmes d'ajustement structurel (PAS) imposés par les bailleurs de fonds, sous peine de couper tout subside, se sont aussi traduits par des coupes sombres dans les budgets d'éducation.

LA SCOLARISATION

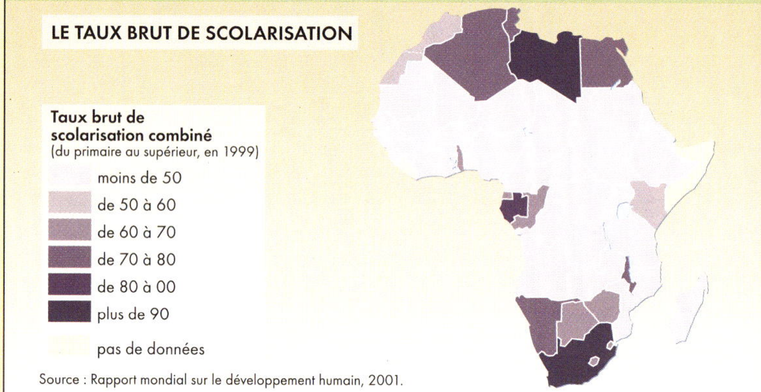

Source : Rapport mondial sur le développement humain, 2001.

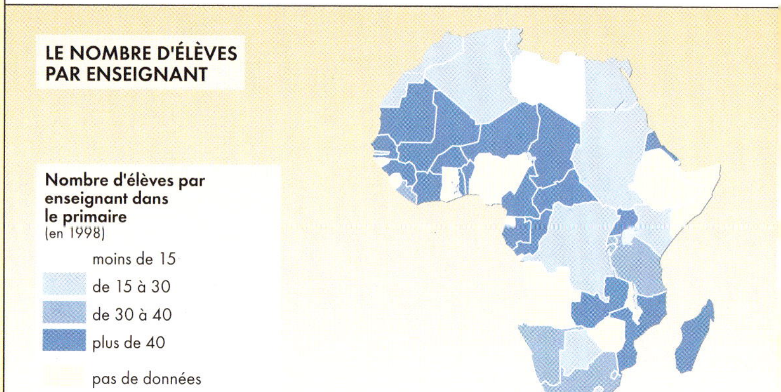

Source : World Bank, 2002.

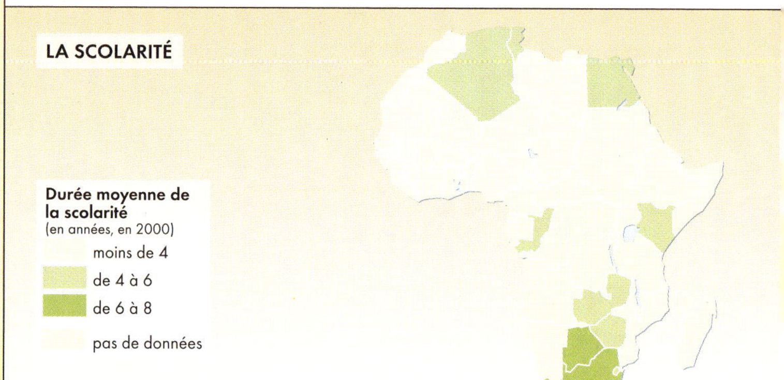

Source : Banque mondiale, 2002.
In *Atlas des pays du monde*, Larousse, Paris, 2004.

LA SANTÉ

LES DÉPENSES DE SANTÉ

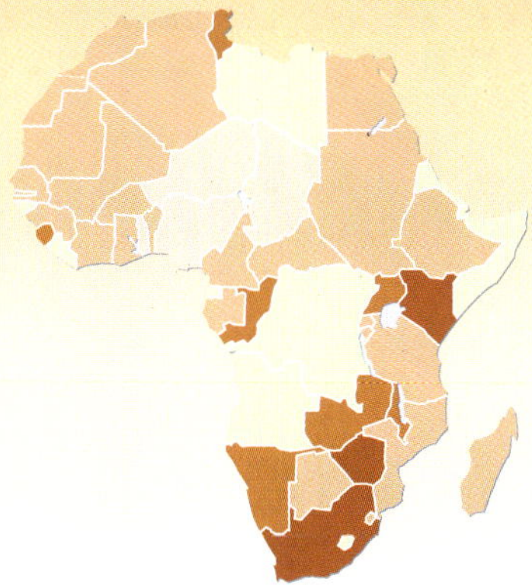

Dépenses de santé publiques et privées
(en % du PIB, en 1995-1999)

- moins de 3
- de 3 à 5
- de 5 à 7
- de 7 à 9
- plus de 9
- pas de données

Source : World Bank, 2002.

L'ACCÈS AUX MÉDICAMENTS

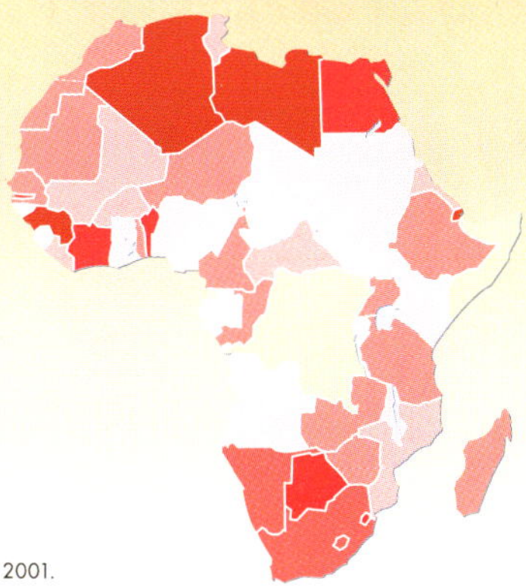

Population ayant accès aux médicaments et vaccins essentiels
(en % de la population totale, en 1999)

- moins de 50
- de 50 à 60
- de 60 à 70
- de 70 à 80
- de 80 à 90
- de 90 à 100
- pas de données

Source : Rapport mondial sur le développement humain, 2001.

LES MÉDECINS

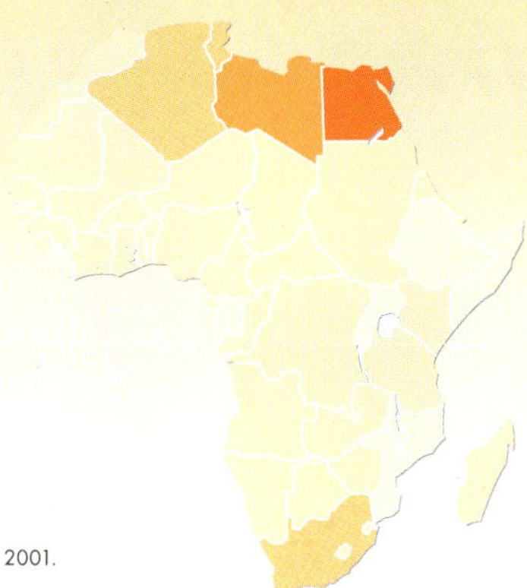

Nombre de médecins
(pour 100 000 habitants, en 1990-1999)

- moins de 50
- de 50 à 100
- de 100 à 150
- de 150 à 200
- pas de données

Source : Rapport mondial sur le développement humain, 2001.
n *Atlas des pays du monde*, Larousse, Paris, 2004.

> ***En Centrafrique, entre 1989 et 2003, cinq années scolaires ont été invalidées en raison de mutineries et de rébellions en cascade, mais aussi parce que l'État, ici comme ailleurs, n'arrive plus à faire face à ses obligations.***

L'espérance de vie recule

La mortalité infantile est un indicateur révélateur, puisqu'il reflète à la fois le statut des femmes, leur niveau d'éducation, la qualité du système de santé, l'état nutritionnel d'une population et la persistance de pratiques telles que les mutilations sexuelles. L'Afrique détient les records mondiaux non seulement de mortalité infantile mais aussi de mortalité juvénile : un enfant sur dix n'y atteint pas l'âge d'un an et, dans nombre de pays – Guinée, Sierra Leone, Niger, Tchad, Soudan, Somalie, etc. –, un enfant sur quatre ne dépasse pas la cinquième année. En 2003, 15 % des nouveau-nés souffraient d'insuffisance pondérale (moins de 2,5 kg à la naissance) et environ 30 millions d'enfants de malnutrition. Sur le plan sanitaire, l'Afrique compte cent fois moins de médecins par tête d'habitant que la France, cinq fois moins que la moyenne des pays en voie de développement (PVD). La mortalité maternelle y reste très élevée, avec 1 000 décès pour 100 000 accouchements, contre 12 dans les pays développés. Le faible encadrement médical, notamment dans les campagnes, ne permet pas d'espérer de venir à bout de nombreuses pathologies et, en particulier, des deux fléaux les plus meurtriers du continent, le paludisme et le sida, lequel affecte 10 % des adultes au sud du Sahara. Depuis le milieu des années 1990, l'espérance de vie recule : de 43 ans en 1965 et de 52 ans en 1992, elle n'était plus que de 47 ans en 2003, contre 64 ans pour l'ensemble des PVD.

L'HISTOIRE PRÉCOLONIALE

L'historiographie africaine a doublement souffert, d'une part, de la négation raciste des civilisations et des organisations politiques de l'Afrique précoloniale et, d'autre part, surtout au lendemain des indépendances, de la glorification d'un état originel supposé édénique, peu compatible avec les faits établis. Ceux-ci demeurent relativement rares, sauf en Afrique du Nord, en raison de la pauvreté des vestiges mobiliers ayant échappé à l'agressivité climatique et, souvent, en raison de l'absence de traces écrites autres que les récits de voyage et les chroniques rédigés par des étrangers.

De l'Empire arabe...

Pour l'Afrique du Nord, la césure historique majeure a été la conquête arabe, à partir du VIIe siècle, et l'islamisation de toute la façade méditerranéenne de l'Afrique, alors intégrée au monde oriental. Après la fin de l'Empire arabe au Xe siècle, l'Empire ottoman ne s'est imposé dans cette région que lentement, aux XVe et XVIe siècles, mais s'y est maintenu pendant une demi-millénaire jusqu'au début du XXe siècle). Vers l'est, sauf pour le bastion chrétien de l'Éthiopie, l'expansion musulmane a progressé sur les rivages de l'océan Indien, établissant une série de comptoirs de traite à Mogadiscio, Mombasa, Zanzibar, Lamu, Malindi, Kilwa et à Sofala, dans l'actuel Mozambique, où accostent les Portugais de Vasco de Gama en 1498, date du début de la fin du monopole arabe sur l'Afrique orientale.

LA TRANSFORMATION DU

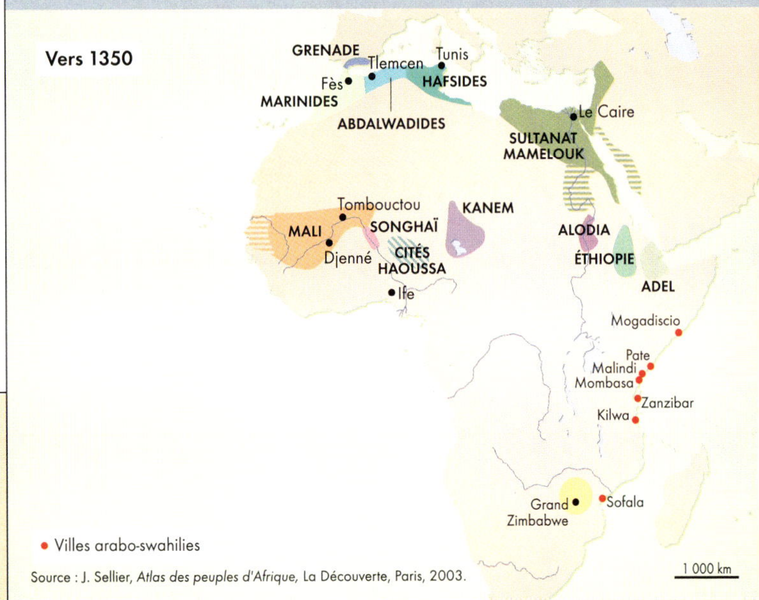

Source : J. Sellier, *Atlas des peuples d'Afrique*, La Découverte, Paris, 2003.

Source : J. Sellier, *Atlas des peuples d'Afrique*, La Découverte, Paris, 2003.

> **“ *Dans l'Afrique des Grands Lacs, des traces de royaumes remontent plus loin que le XVe siècle, notamment pour la dynastie Chwezi. Au XIXe siècle, ces monarchies, du Buganda au Burundi en passant par le Rwanda, se sont opposés à la pénétration coloniale.* ”**

… au Grand Zimbabwe

Pour l'Afrique au sud du Sahara, les ruines monumentales de Zimbabwe symbolisent à la fois l'histoire précoloniale et le mépris dans lequel celle-ci a été longtemps tenue : cette ancienne ville, un extraordinaire ensemble de murs de pierres taillées, édifiés sans mortier, était connue des Portugais dès le XVIe siècle. Le premier Européen sur le site a été un chasseur d'éléphants sud-africain, en 1868. La découverte enflammait alors l'imagination occidentale, en particulier celle du romancier britannique Sir Rider Haggard, qui, dans *Les Mines du roi Salomon* (1885), attribuait la construction aux adeptes de cultes astraux du royaume antique de Saba, dans l'actuel Yémen… Les recherches archéologiques datent cependant l'ensemble du XIVe siècle. Aussi, l'idée que le Grand Zimbabwe a été l'œuvre de Bantous a-t-elle fini par faire son chemin, sauf dans l'esprit des autorités blanches de Rhodésie et de l'Afrique du Sud, qui ont nié l'évidence tant qu'a duré leur pouvoir discriminatoire.

Bien avant les « proto-États » fondés, au XIXe siècle, par des potentats trafiquants d'esclaves et d'ivoire, tel le célèbre Tippoo Tip sur le haut Congo, ou par le roi zoulou Chaka, à la tête d'une impressionnante aristocratie militaire jusqu'à son assassinat, par son demi-frère Dingane, en 1828, des royaumes très étendus avaient existé, notamment dans toute la bande soudano-sahélienne, bâtissant leur prospérité sur le commerce transsaharien. Le plus ancien d'entre eux, dès le IVe siècle, fut le Ghana, dont la capitale – Koumbi Saleh – se situait dans l'actuelle Mauritanie. Fondé au XIIIe siècle sur le Niger, l'empire du Mali a connu son apogée au XIVe siècle, englobant une grande partie de l'Afrique de l'Ouest. L'empire songhaï lui a succédé, s'étendant de l'Aïr jusqu'au haut Niger, avant d'être défait par les troupes du sultan du Maroc, à la fin du XVIe siècle. Dans le nord du Nigeria, le royaume du Kanem-Bornou et les États haoussa se sont structurés dès le XIe siècle, avant de donner naissance, vers le XVe siècle, à des cités-États commerçantes, plus ou moins islamisées. Apparus à cette époque, les royaumes mossis au sud du fleuve Niger ont en revanche résisté à la pénétration de l'islam.

Dans la bande côtière du golfe de Guinée, d'autres royaumes – Ashanti, Dahomey, Bénin – étaient organisés à partir de confédérations de cités, brillant par leur dynamisme commercial et artistique. Entrés les premiers en contact avec les navigateurs européens, ces États ont activement participé à la traite transatlantique des esclaves , qui a contribué à leur prospérité dès la fin du XVIe siècle.

NTINENT AFRICAIN DE 1350 À 1875

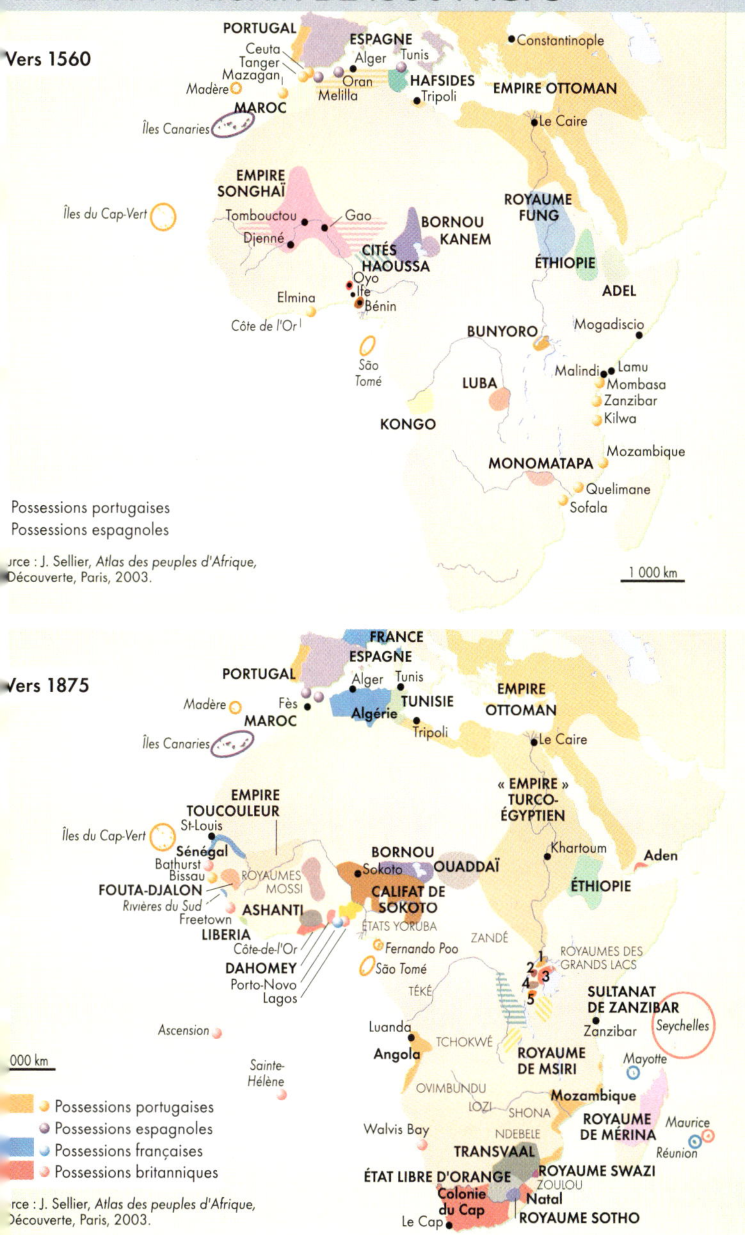

urce : J. Sellier, *Atlas des peuples d'Afrique*, Découverte, Paris, 2003.

urce : J. Sellier, *Atlas des peuples d'Afrique*, Découverte, Paris, 2003.

LES TRAITES NÉGRIÈRES

En près d'un millénaire et demi, du VIe au XXe siècle, environ 28 millions d'Africains ont été arrachés à leur continent. Quatre mois après l'adoption par le Parlement français de la loi dite Taubira, la Conférence mondiale contre le racisme, qui s'est tenue en septembre 2001 à Durban (Afrique du Sud), a également qualifié l'esclavage et la traite négrière de « crimes contre l'humanité ». Infamie atavique, la déportation de masse de ses habitants constitue un traumatisme majeur pour l'Afrique, sur le plan démographique mais aussi sur le plan symbolique.

LES TRAITES NÉGRIÈRES XVIe-XIXe SIÈCLE

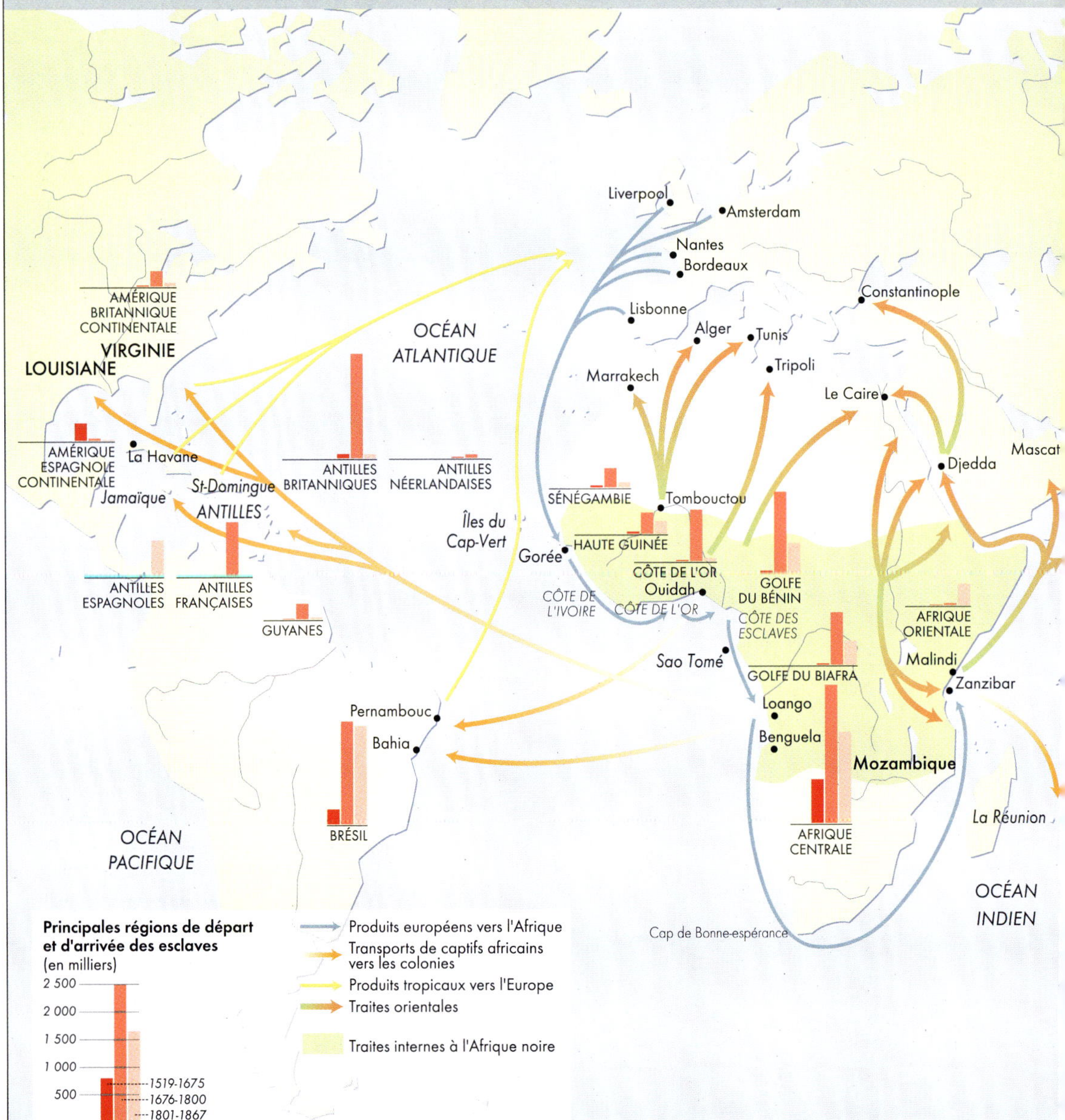

Source : Documentation Française, d'après O. Pétré-Grenouilleau, *L'Histoire*, n° 215, novembre 1997.

LES PRINCIPALES NATIONS NÉGRIÈRES

Source : Documentation française.

> **“ *Dans une large mesure, la traite est bel et bien cet événement sous le signe duquel l'Afrique naît à la modernité.***
>
> **ACHILLE MBEMBÉ, « À PROPOS DES ÉCRITURES AFRICAINES DE SOI », DANS *POLITIQUE AFRICAINE*, MARS 2000. ”**

Les quatre traites d'esclaves noirs

La traite est née du besoin en population servile de sociétés esclavagistes en Afrique précoloniale, dans le monde arabe et aux Amériques, où les colonisateurs européens avaient bâti leur système d'exploitation sur le trafic d'esclaves. Elle suppose, outre une logistique de transport, des réseaux d'approvisionnement et une idéologie de mépris, pour en assurer la légitimité. Les historiens distinguent quatre traites négrières :

– la traite interne à l'Afrique, sur le modèle de l'antique esclavage méditerranéen, s'est propagée à l'intérieur du continent en même temps que le christianisme et l'islam, ces deux religions justifiant la réduction à la servitude de populations « païennes » (dans le Coran et, entre 1454 et 1839, le pouvoir papal à Rome) ;

– la traite transsaharienne, le commerce de captifs noirs, à partir du IXe siècle, en même temps que de l'ivoire, de l'or et du sel gemme, notamment dans la vallée du Nil ;

– la traite arabe, entre le IXe et le XIXe siècle, sur les côtes orientales de l'Afrique où Zanzibar a été, entre 1830 et 1875, le plus important comptoir de ce trafic humain ;

– la traite occidentale, dite atlantique ou triangulaire, la mieux organisée, la plus intense aussi. Ayant débuté dans la seconde moitié du XVe siècle, elle s'est amplifiée au XVIIe siècle et n'a cessé que vers 1870, bien après son abolition officielle (le 1er janvier 1808 pour la Grande-Bretagne et les États-Unis, le 4 mars 1831 pour la France).

LE ROYAUME D'ABOMEY

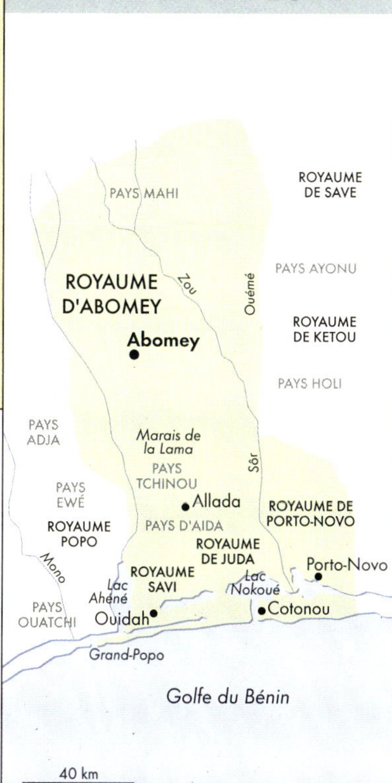

Source : Documentation Française, d'après C. Coquery-Vidrovitch, *L'Histoire*, n° 16, octobre 1979.

L'IMPACT DÉMOGRAPHIQUE

Sur la longue durée, le nombre des déportés et des morts en route – 10 % pour la traite atlantique, le double pour la traite transsaharienne – se situe autour de 2,5 % de la population africaine. Celle-ci ayant été inférieure à 60 millions d'habitants au début du XVIIe siècle, la « saignée » au plus fort du trafic, entre 1750 et 1850, a ralenti la croissance du continent.

L'exemple du Bénin (ex-Dahomey)

Seuls un très faible pourcentage des victimes de la traite négrière – environ 12 millions d'Africains – ont été razziés par des Européens. Ce qui n'a rien d'étonnant, car, vers la fin du XVIIe siècle, le prix d'un captif sur la côte équivalait à six années de subsistance pour le vendeur africain et à quatre pour le chasseur d'hommes à l'intérieur des terres. Aussi la conquête par le roi d'Abomey, au début du XVIIIe siècle, de deux royaumes esclavagistes, Allada et Ouidah, a-t-elle donné naissance à un véritable État négrier au service d'une ethnie, celle des Fons. Le roi Kpengla (1774-1789) y a érigé en monopole royal la traite, alimentée par des razzias annuelles chez les voisins (un souvenir qui pèse encore sur les relations interethniques, comme dans de nombreuses autres parties d'Afrique). Confié à un grand dignitaire, appelé *yovoghan* (« chef des Blancs »), Ouidah a été l'un des plus importants sites d'exportation d'esclaves de la traite triangulaire, paroxystique entre 1675 et 1800. Partant d'Europe, des navires apportaient des « paquets » de marchandises (le sens du mot « pacotille » sous l'Ancien Régime, la « guinéaillerie » – les perles, miroirs et coraux – n'en ayant jamais constitué plus de 15 %) et chargeaient les esclaves à destination des grandes plantations de canne à sucre et de coton aux Amériques, d'où les embarcations repartaient de nouveau chargées de marchandises. Après sa découverte par les Portugais, en 1500, le Brésil est rapidement devenu le principal marché négrier.

Dans leur Encyclopédie publiée en 1751, Diderot et d'Alembert notèrent sur l'Afrique : « On ne commerce guère que sur les côtes ; le dedans de cette partie du monde n'est pas encore connu. » Il fallut encore attendre un siècle et demi pour que l'intérieur du continent, du Zambèze aux sources du Nil en passant par le cours du Congo, fût découvert, exploré, cartographié. Ce fut une grande aventure humaine mais aussi le prélude à un « clash de civilisations » qui allait faire périr en deux générations, entre 1880 et 1920, entre un tiers et la moitié des populations africaines.

Un clash de civilisations

À la suite de l'assèchement du Sahara (de l'arabe *sahil*, pour « rivage ») il y a deux millénaires, l'immense désert – sur près d'un tiers de la superficie continentale – a longtemps isolé l'Afrique tropicale. La barre incandescente des ergs et hamadas sahéliens n'était franchie que par des initiés, les chameliers et leurs caravanes. Sur les côtes, des vents entraînant inexorablement vers le sud auguraient de voyages sans retour. Enfin, le paludisme était, selon le voyageur arabe Ibn Battuta, « le plus dangereux des gardiens des secrets de l'Afrique ». À la fin du XVe siècle, « la victoire de la caravelle sur les caravanes », exaltée par l'historien portugais Vitorino Magalhães Godinho, a scellé le triomphe, contre les alizés, de la circumnavigation de l'Afrique sur le commerce transsaharien. Et c'est au milieu du XIXe siècle que l'utilisation de la quinine, importée d'Amérique du Sud, a écrêté la fièvre hectique du paludisme (la malaria, due au « mauvais air » d'un continent réputé « le tombeau de l'homme blanc »). Mais, d'exploration en conquête coloniale, ce furent les Africains qui moururent en masse, moins des violences infligées que du choc microbien dû à leur vulnérabilité immunologique face aux nouvelles maladies importées : au Congo-Brazzaville, relativement épargné par les exactions, les pertes subies durant les quarante premières années d'occupation ont ainsi été du même ordre de grandeur – entre un tiers et la moitié de la population – que dans l'État indépendant du Congo, la propriété privée – voisine – du roi belge Léopold II, où l'extorsion du caoutchouc naturel par tous les moyens s'ajoutait à l'hécatombe.

Eût-il été imaginable que l'Afrique entrât pleinement dans un monde que l'on n'appelait pas encore « globalisé » sans cette nouvelle saignée, bien plus brutale encore que celles des traites négrières ? Le fait est que le « viol » du continent noir ne fut pas la cause mais la conséquence d'un rapport de force inégal : c'est parce que l'Afrique subsaharienne n'avait pas les moyens matériels de se défendre qu'elle a été conquise et soumise par quelques milliers de « Blancs ».

> **« _Et quand je leur disais que les Blancs ont un pays où rien ne manque, ils ne pouvaient s'expliquer pourquoi nous l'avions quitté._ »**
>
> **Pierre Savorgnan de Brazza**, *Au cœur de l'Afrique. Vers la source des grands fleuves* **(1875-1887), Paris, Payot, 1994.**

DES EXPLORATEURS AUX PRO

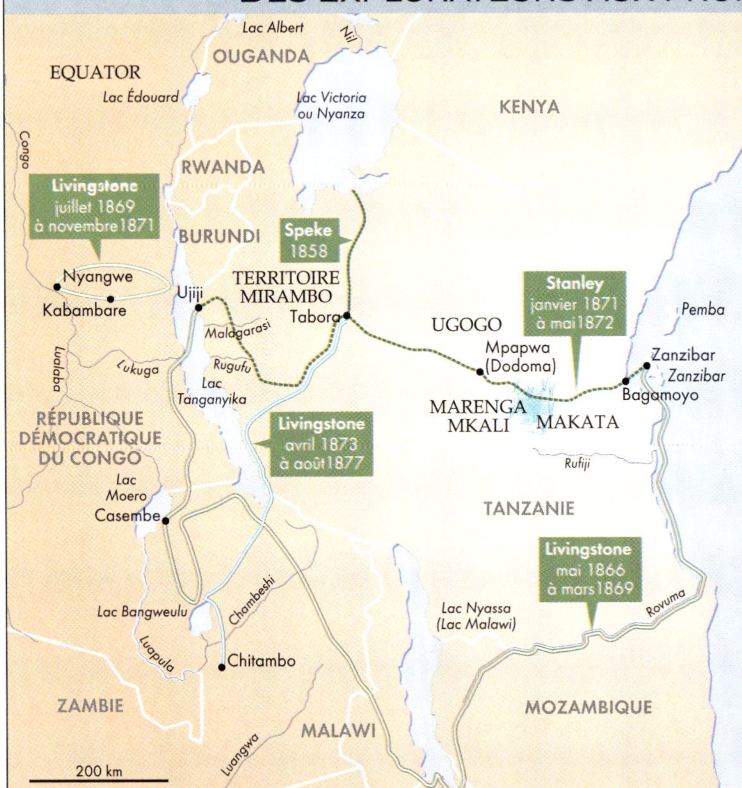

Source : M. Dugard, *Into Africa, The Epic Aventures of Stanley and Livingstone*, Broadway Books, New York, 2003.

LES DIFFÉRENTES EXPLORATIONS

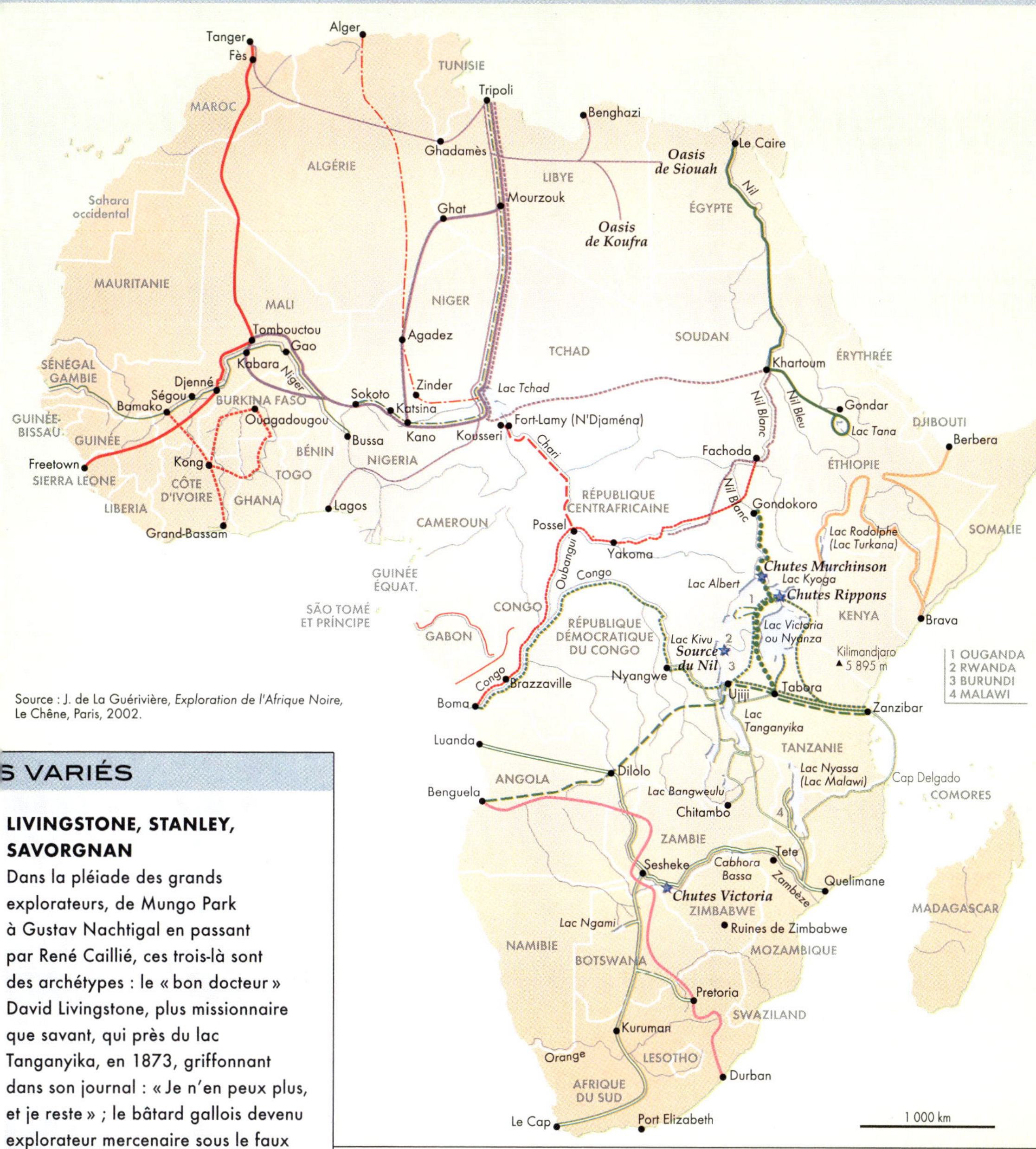

Source : J. de La Guérivière, *Exploration de l'Afrique Noire*, Le Chêne, Paris, 2002.

S VARIÉS

LIVINGSTONE, STANLEY, SAVORGNAN

Dans la pléiade des grands explorateurs, de Mungo Park à Gustav Nachtigal en passant par René Caillié, ces trois-là sont des archétypes : le « bon docteur » David Livingstone, plus missionnaire que savant, qui près du lac Tanganyika, en 1873, griffonnant dans son journal : « Je n'en peux plus, et je reste » ; le bâtard gallois devenu explorateur mercenaire sous le faux nom de Henry Morton Stanley, une vraie gloire depuis qu'il avait retrouvé l'aîné – « *Dr Livingstone, I presume?* » – après une marche forcée de 411 jours pour parcourir 3 500 km, quitte à faire éclater quelques « têtes laineuses » à la carabine ; enfin, Pierre Savorgnan de Brazza, Italien naturalisé Français, ce « père des esclaves » qui dama le pion à Stanley sur la rive droite du Congo, en méritant cette épitaphe sur sa tombe : « Sa mémoire est pure de sang humain ».

LA COURSE AU CLOCHER

Vers la fin du XIXᵉ siècle, l'Europe, toute à ses projets impérialistes, fut saisie d'une « fièvre de la carte » inspirée par les taches blanches à l'intérieur du continent africain. Le chancelier Bismarck prit l'initiative d'organiser à Berlin, en 1884-1885, une conférence pour « régler, dans un esprit de bonne entente mutuelle, les conditions les plus favorables au développement du commerce et de la civilisation dans certaines régions de l'Afrique ». Mais la délimitation de vagues sphères d'influence n'évita pas la course au clocher, la ruée sur les terres africaines à coloniser.

L'AFRIQUE POLITIQUE VERS 1880, 1886 ET 191

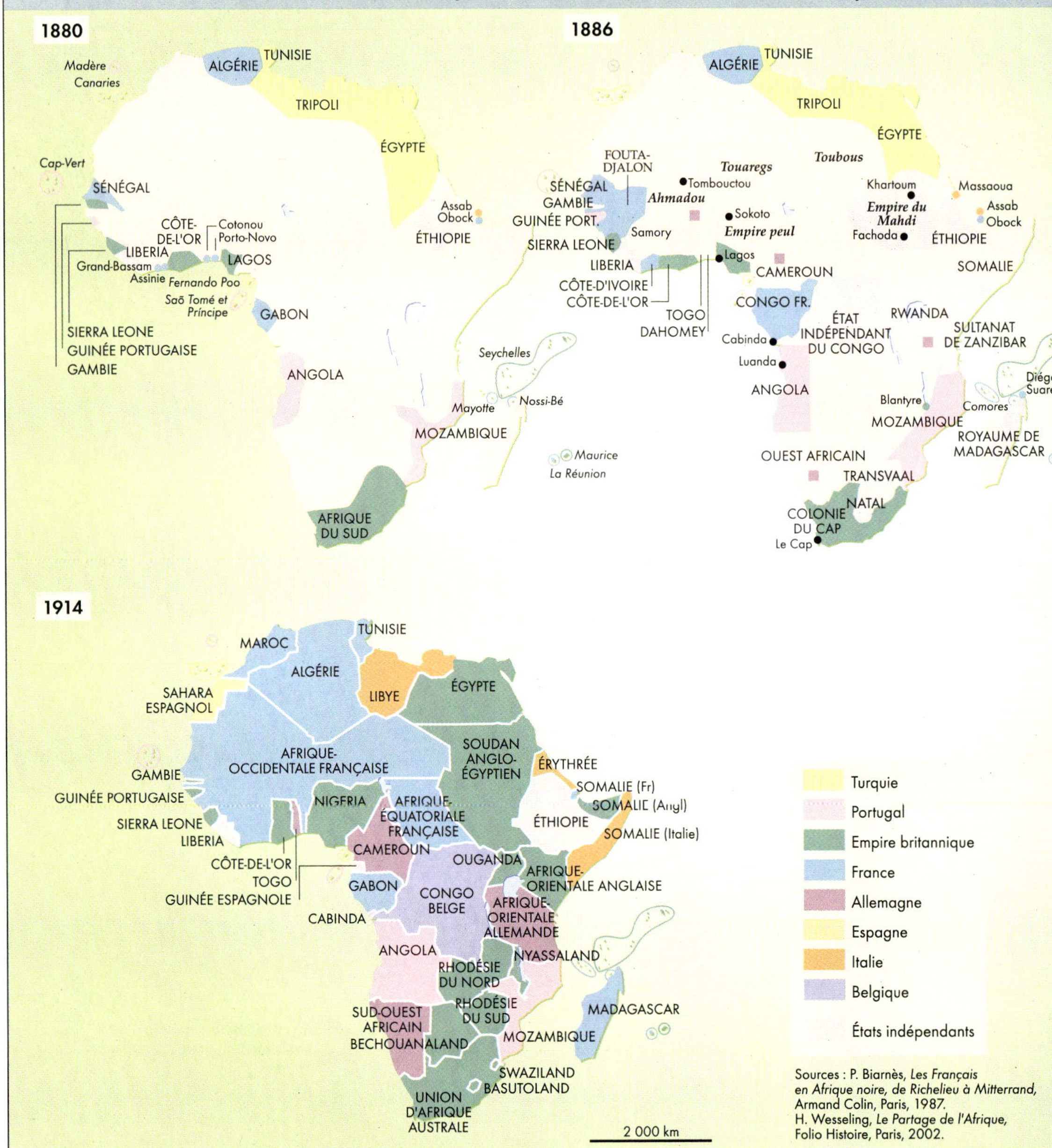

Sources : P. Biarnès, *Les Français en Afrique noire, de Richelieu à Mitterrand*, Armand Colin, Paris, 1987.
H. Wesseling, *Le Partage de l'Afrique*, Folio Histoire, Paris, 2002.

La colonisation de l'Afrique du Nord

En 1830, avec la prise d'Alger, débute la colonisation française de l'Afrique du Nord, que suivra son implantation en Tunisie (1881) et au Maroc (1912). Devancée par la France en Tunisie, l'Italie établit son autorité, en 1912, sur la province ottomane de Tripolitaine, puis sur la Cyrénaïque, créant la Libye moderne. L'Égypte est administrée de fait, à partir de 1882, puis de droit, à partir de décembre 1914, par la Grande-Bretagne. Celle-ci rivalise avec la France au Maroc, où l'Allemagne de l'empereur Guillaume II manifeste aussi des prétentions en envoyant sa canonnière *Panther* à Agadir. Mais la France établit, en mars 1912, son protectorat sur le royaume chérifien. Elle doit cependant partager sa tutelle avec Madrid, qui administre une bande septentrionale et une enclave dans le Sud, autour d'Ifni, non loin de sa colonie du Sahara occidental que le Maroc, après son indépendance en 1956, revendiquera, puis annexera comme ses « provinces du Sud ».

LE PARTAGE DU MAROC

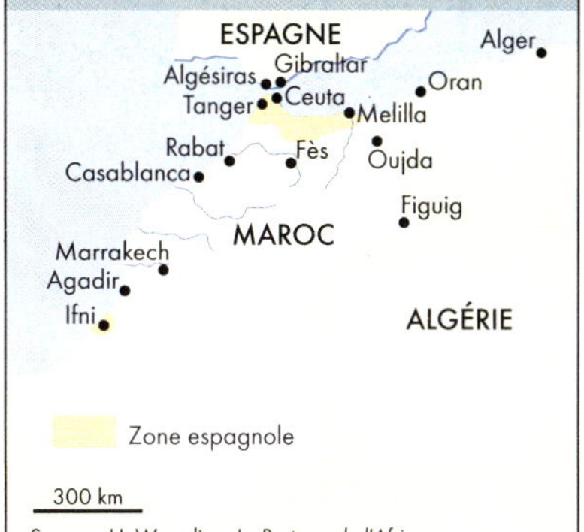

Source : H. Wesseling, *Le Partage de l'Afrique*, Folio Histoire, Paris, 2002.

LA CONFÉRENCE DE BERLIN

Le « partage de l'Afrique » est un mythe. Entre le 15 novembre 1884 et le 26 février 1885, les puissances conviées à la conférence de Berlin ne cherchaient pas tant à découper un continent, dont elles ignoraient du reste la géographie exacte, qu'à établir des règles de « saine compétition » entre elles pour en prendre possession, sans risque de dérapage dans la guerre. Ainsi fut-il décidé que le drapeau planté sur un comptoir de commerce établirait une « chasse gardée » à respecter, quitte à négocier par la suite le tracé des frontières, ce que la France et l'Angleterre firent, entre 1882 et 1908, à travers 249 traités particuliers ! Officiellement, il s'agissait de porter la lumière « au cœur des ténèbres », le titre du célèbre roman que Joseph Conrad devait publier en 1899. Berlin a ainsi été non pas l'achèvement d'un partage, mais le point de départ d'une occupation effective, jalonnée de violences et de traités léonins, souvent signés par de « faux » chefs.

> ***La conquête de la terre, qui signifie principalement la prendre à des hommes d'une autre couleur que nous, ou dont le nez est un peu plus plat, n'est pas une jolie chose quand on la regarde de trop près.***
>
> **JOSEPH CONRAD, *AU CŒUR DES TÉNÈBRES*, PARIS, FLAMMARION, 1989.**

Percée française à partir du Sénégal

Aux explorateurs succèdent les conquérants : le général Louis Faidherbe (1818-1889), nommé gouverneur à Dakar en 1854, à 36 ans, en est la haute figure française en Afrique de l'Ouest. Il eut l'audace de prendre comme amante une belle Africaine, qu'il logea dans son palais et dont le fils devint lieutenant de spahis. Dès 1857, Faidherbe créa le premier bataillon des « tirailleurs sénégalais », qui allaient jouer un rôle important dans la pénétration française en Afrique de l'Ouest, puis au cours des deux guerres mondiales. Jusqu'en 1882, la Grande-Bretagne tenta de contenir la France dans le nord et l'ouest de l'Afrique occidentale mais, à la suite de son occupation de l'Égypte, la mésentente entre Paris et Londres ôta tout frein à la rivalité dans la région, d'autant que l'Allemagne prit pied, en 1884, au Togo et au Cameroun. L'accord franco-britannique de 1890 tempéra l'hostilité, mais n'évita pas une poussée française vers l'est qui, arrivée en 1898 sur le Haut-Nil, à Fachoda, faillit aboutir à la guerre.

LE PARTAGE DE L'AFRIQUE OCCIDENTALE

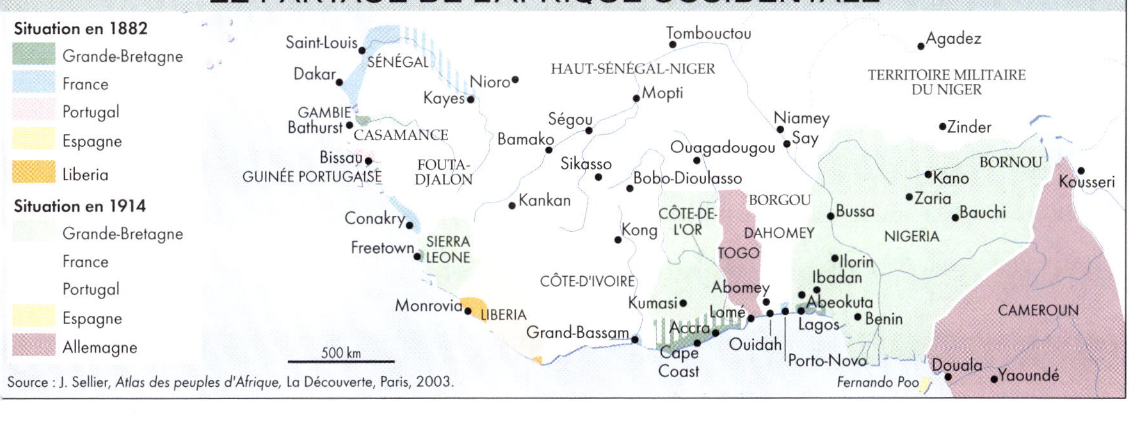

Source : J. Sellier, *Atlas des peuples d'Afrique*, La Découverte, Paris, 2003.

LE RÈGNE COLONIAL

Le règne colonial, indépendamment de toute « mission civilisatrice » accomplie et des crimes qui l'ont accompagnée, a été une profonde aliénation pour l'Afrique, infantilisée par le déni de son droit de choisir sa propre voie. Par ailleurs, rétroaction souvent négligée, le règne colonial a aussi infusé, par exemple dans la société française, une culture impériale, le souvenir constamment ravivé par les migrations à partir des anciennes possessions d'une « plus grande France », au-delà de l'Hexagone. Cet ailleurs est devenu une partie intégrante de l'identité française.

LES PRINCIPAUX FOYERS DE RÉVOLTE AU XIXE SI

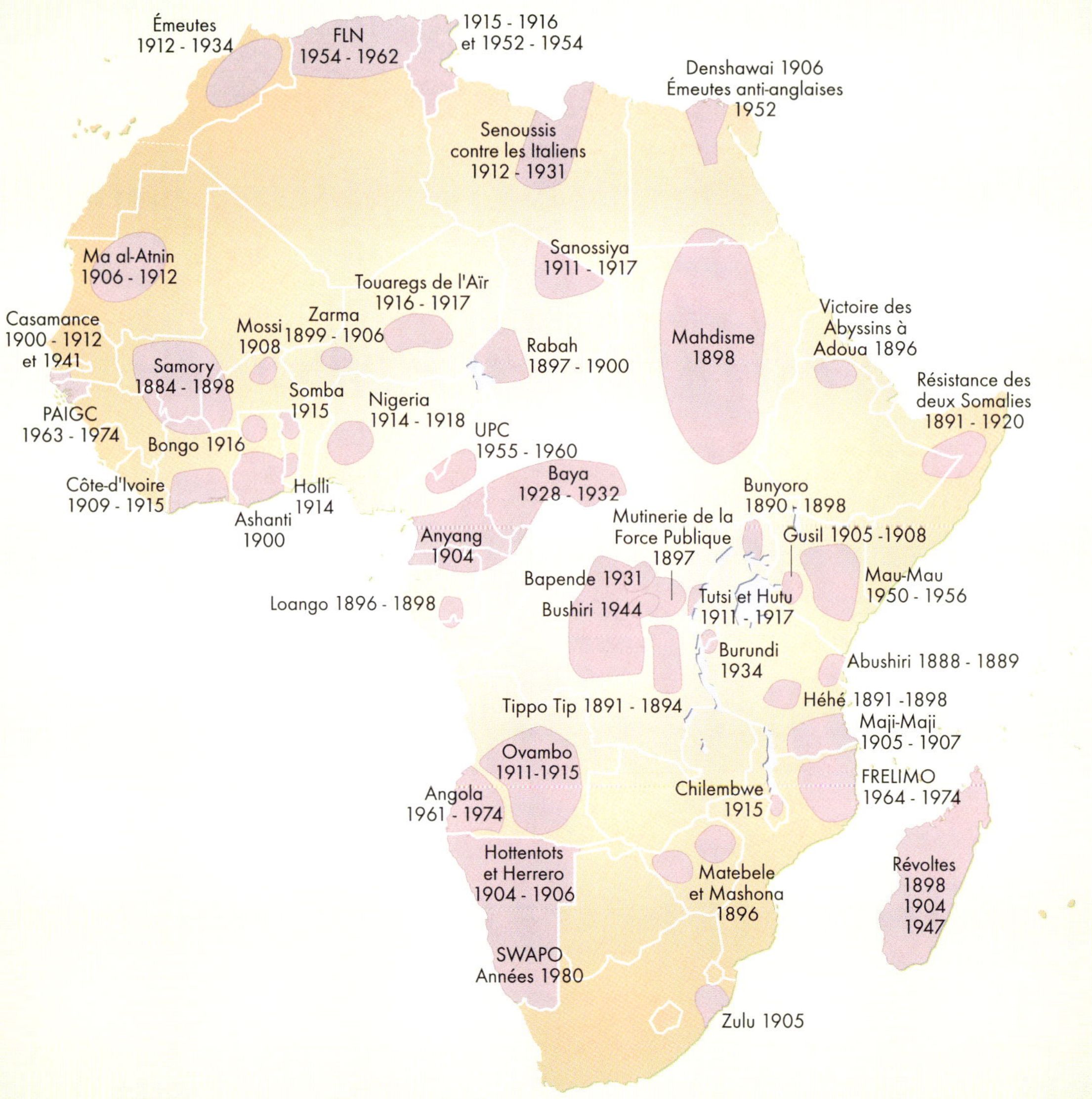

Source : M.Feus, *Le Livre noir du colonialisme*, Robert Laffont, Paris, 2003. D'après C. Coquery-Vidrovitch, *Afrique noire*, L'Harmattan, Paris, 1993.

> « Un conseil : en face de toute manifestation étrangère ou indigène, ne riez pas des choses que vous ne comprenez pas au premier abord. Les idées des autres hommes sont souvent les vôtres, mais exprimées de façon différente. »
> GUIDE OFFICIEL DE L'EXPOSITION COLONIALE, 1931.

L'ALGÉRIE DANS LES ANNÉES 1950-1960

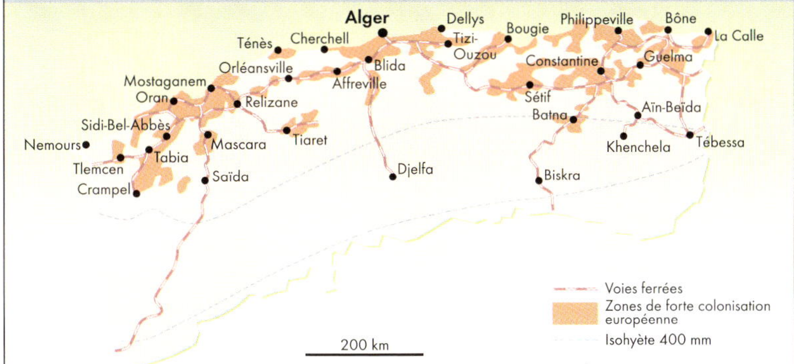

Source : J. F. Ade Ajayi et M. Crowder, *Atlas historique de l'Afrique*, Éditions du Jaguar, Paris, 2000.

LE

UNE RÉSISTANCE QUASI PERMANENTE

C'est le paradoxe de la colonisation de l'Afrique, le seul continent qui soit passé presque intégralement – à l'exception de l'Éthiopie – sous domination étrangère durable : convoitée, mais guère davantage que d'autres terres à butin, l'Afrique a été occupée de la sorte en raison du moindre coût de sa mise sous tutelle (onze pennies par Britannique pour l'assujettissement de 70 millions d'Africains entre 1882 et 1889). Mais la résistance contre le règne colonial n'y a jamais cessé, à tel point que la *pax colonica* relève d'une idéalisation rétrospective. Du Rif marocain au pays xhosa en Afrique du Sud, par la guerre ou par le « suicide » comme ultime forme de chantage, le continent s'est défendu. La «pacification» s'est longtemps heurtée à une farouche résistance, organisée par Abd el-Krim au Maroc, par Abd el-Kader en Algérie, Samory Touré dans le nord de la Côte d'Ivoire, El-Hadj Omar au Mali, le roi Béhanzin et ses « amazones » dans l'ex-Dahomey, par les Foulbés de Sokoto au Nigeria, ou par l'esclavagiste Rabah au Tchad, sans parler de la révolte des mahdistes au Soudan. Ce n'est pas la volonté d'autodétermination qui a fait défaut à l'Afrique, mais les moyens : le retard de sa civilisation matérielle fut tel que le continent s'est vainement soulevé contre les Européens. Mais l'heure de la guerre de libération nationale est finalement venu, en Algérie, puis dans les colonies portugaises, au Zimbabwe, en Namibie et, pour finir, en Afrique du Sud.

Types et styles de colonisation

Les formes de domination ont été variées en Afrique, permettant de distinguer plusieurs types et styles de colonisation. Si, par exemple, l'Algérie, le Kenya, l'Angola et l'Afrique du Sud ont été des colonies de peuplement, avec une présence massive d'étrangers venus s'y installer à demeure, d'autres pays n'ont guère attiré que des administrateurs coloniaux, tels les pays du Sahel ou l'actuelle Centrafrique, « la Cendrillon de l'Empire français ». Sur le plan doctrinal, chaque puissance colonisatrice s'est attribué un corpus de règles et un style propre, souvent pour flatter son ego national. La France a ainsi insisté sur sa « mission civilisatrice », l'universalisme du message d'émancipation apporté aux peuples sous sa curatelle (une contradiction que la philosophe Hannah Arendt a résumée en constatant que la France a traité ses colonisés « à la fois en frères et sujets »). En réalité, même la différence fréquemment invoquée par rapport à l'administration indirecte britannique – l'*indirect rule*, par chefferies traditionnelles interposées, théorisé par Lord Lugard à partir de son expérience dans le nord du Nigeria – s'atténue eu égard à l'adaptation coloniale aux « réalités du terrain ». Si des particularités nationales restent marquées, telles que le clivage « tribal » entre Flamands et Wallons dans les colonies belges, ou le grand nombre de « petits Blancs » et l'importance de « l'intégration voluptueuse » dans les colonies portugaises, les traits communs entre les colonisateurs européens l'emportent en définitive sur leurs différences.

LA PROPORTION DE NON-AFRICAINS EN 1935-1936

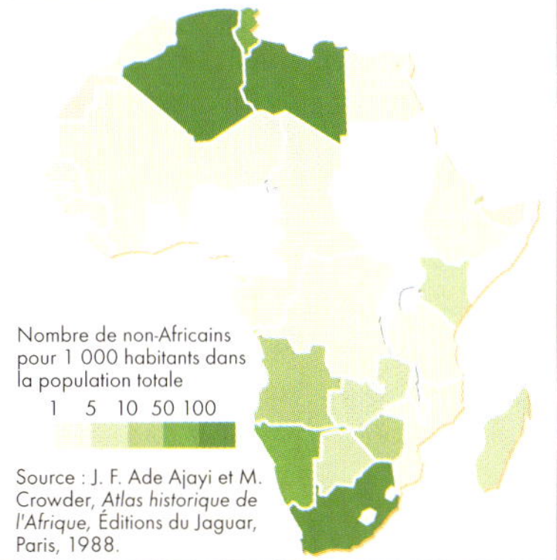

Source : J. F. Ade Ajayi et M. Crowder, *Atlas historique de l'Afrique*, Éditions du Jaguar, Paris, 1988.

L'apothéose coloniale en France

En 1931, l'Exposition coloniale internationale à Vincennes, qui attire pendant six mois huit millions de visiteurs, marque le point culminant de l'engouement pour « la plus grande France », dont elle est la vitrine. Mais elle cristallise aussi la contestation : des surréalistes proches du Parti communiste – André Breton, Paul Éluard, Benjamin Péret, René Char, etc. – appellent au boycottage et animent une contre-exposition – « La vérité sur les colonies » – sur l'actuelle place du Colonel-Fabien. Les témoignages d'André Gide, *Voyage au Congo* (1927) et *Retour du Tchad* (1928), ainsi que *Terre d'ébène* (1929) d'Albert Londres, ont préparé le terrain. Mais ces critiques ne démentent pas la popularité des « revues nègres » où excelle une Noire américaine, Joséphine Baker, la star qui donne le départ, en 1931, de la Mission Dakar-Djibouti de Marcel Griaule et Michel Leiris.

LA DÉCOLONISATION

La Seconde Guerre mondiale, à travers la lutte commune contre la dictature nazie, jette les bases de la décolonisation : sur le plan humain, puisque les anciens combattants d'Afrique n'oublieront pas la fraternité d'armes ni le sang versé pour la France libre ; sur le plan des principes, puisque la charte de l'Atlantique, adoptée en août 1941, fixe comme objectif de « voir rétablir les droits souverains et le gouvernement indépendant des nations qui en ont été dépouillées par la force ». Mais la rivalité Est-Ouest, en fournissant un répit aux puissances coloniales, retardera l'échéance.

Pour libérer la France

Plus fort encore que le souvenir des tranchées de la Grande Guerre, sera le choc en retour de la Seconde Guerre mondiale : en raison de l'engagement massif (360 000 Maghrébins et 180 000 « tirailleurs sénégalais »), des pertes subies (200 000 morts) et de la charge symbolique (« Nous sommes venus d'Afrique pour libérer la France », chantaient quelque 125 000 Africains en débarquant, le 15 août 1944, sur les plages de Provence).

LA DÉMULTIPLICATION DES ÉTATS

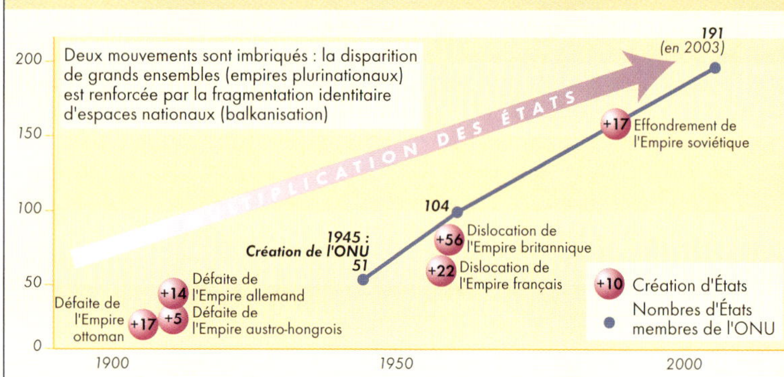

Source : *Atlas géopolitique et culturel du Petit Robert, Robert des noms propres, Dictionnaire Le Robert, Paris, 2002.*

Le glacis austral

En Afrique australe, la défense des « pouvoirs blancs » en Rhodésie, dans le Sud-Ouest africain et au pays de l'apartheid s'est longtemps confondue avec la lutte anticommuniste, en prolongeant le règne colonial. L'indépendance du Mozambique et de l'Angola, en 1975, puis celle du Zimbabwe (1980) et de la Namibie (1990) ont fini par enlever le glacis autour de l'Afrique du Sud, où le régime discriminatoire a pris fin en 1994.

L'intangibilité des frontières coloniales

Dans une résolution adoptée en juillet 1964, l'Organisation de l'unité africaine (OUA) a entériné le principe de l'intangibilité des frontières héritées de la colonisation. Cette décision a clos, sur le plan juridique, le débat sur la « balkanisation » de l'Afrique et un redécoupage du continent le long de frontières « naturelles » et, notamment, ethniques. De fait, peu de contentieux territoriaux – au sujet de la bande d'Aozou (Tchad-Libye), de la presqu'île de Bakassi (Cameroun-Nigeria), du Biafra (Nigeria-Ibos), du Cabinda (Angola-FLEC), entre l'Érythrée et l'Éthiopie (1998-2000), le Mali et le Burkina Faso (1985), concernant l'île de Mbanié (Gabon-Guinée équatoriale) et le Sahara occidental (Maroc-Polisario) – ont émaillé l'histoire indépendante de l'Afrique pendant un demi-siècle, surtout eu égard au fait que 40 % des frontières du continent n'ont jamais été matérialisées sur le terrain.

> « *Notre lutte fut de larmes, de feu et de sang, nous en sommes fiers jusqu'au plus profond de nous-mêmes, car ce fut une lutte noble et juste, indispensable pour mettre fin à l'humiliant esclavage imposé par la force.* »
>
> **PATRICE LUMUMBA, DISCOURS D'INDÉPENDANCE, 30 JUIN 1960.**

Un processus retardé par la guerre froide

À l'exception coloniale que Winston Churchill voulut apporter à la charte de l'Atlantique, Franklin Roosevelt objecta : « Winston, vous avez dans le sang cinq siècles de domination ! Vous ne voulez pas comprendre que nous sommes entrés dans des temps nouveaux et que les libertés que nous avons proclamées doivent s'étendre à tous les peuples sans exception. » Cependant, le président américain suivant, Harry Truman, devait donner à la guerre froide contre l'URSS la priorité géopolitique sur la décolonisation. Dès le 30 janvier 1944, à la conférence de Brazzaville, Charles de Gaulle avait pour sa part répondu de façon ambiguë aux attentes indépendantistes (« En Afrique française, il n'y aurait aucun progrès qui soit un progrès si les hommes, sur leur terre natale, n'en profitaient pas moralement et matériellement, s'ils ne pouvaient s'élever peu à peu jusqu'au niveau où ils seront capables de participer

L'AFRIQUE INDÉPENDANTE

chez eux à la gestion de leurs propres affaires »). La guerre d'Indochine et, surtout, la guerre d'Algérie persuaderont cependant la France d'« octroyer » – pour ne pas la voir arrachée – la souveraineté à ses possessions sur le continent. Mal préparée, longtemps refusée et ensuite précipitée, la décolonisation des pays sous tutelle belge, et notamment du Congo-Kinshasa, a débouché sur des violences exacerbées par la rivalité Est-Ouest.

(1) Entre 1910 et 1961 : Union sud-africaine
(2) Proclamation de la République sud-africaine
(3) Ex-Haute-Volta
(4) Cameroun oriental (ex-français)
(5) Cameroun occidental (ex-britannique)
(6) « Le Négus », a gouverné de 1930 à 1977
(7) Proclamation dans les zones libérées
(8) Reconnaissance par le Portugal
(9) Un gouverneur élu régissant la vie des quelque 10 000 colons, des anciens esclaves affranchis et rapatriés des États-Unis
(10) Protectorat français
(11) Protectorat espagnol
(12) Satut international controversé : occupé par le Maroc ; revendiqué par le Front Polisario, qui a proclamé, en 1975, la République arabe sahraouie démocratique (RASD), laquelle est reconnue par l'Union africaine
(13) Fusion de l'es-Somaliland britannique et de l'ancienne colonie italienne de Somalie
(14) Fusion du Tanganyika et de Zanzibar
(15) Déclaration unilatérale
(16) La France renonce à sa souveraineté sur l'archipel, sauf Mayotte

La « Françafrique »

Des « indépendances du drapeau » à la démocratisation tardivement concédée par le président François Mitterrand en 1990 au sommet franco-africain de La Baule, en passant par l'envoi à répétition des parachutistes – « la politique du 2e REP » – pour rétablir des « régimes amis » en danger, la connivence entre la classe dirigeante à Paris et les élites dans les anciennes colonies d'Afrique ne s'est pas démentie pendant près de quarante ans. Mais le contexte géopolitique bouleversé par la fin de la guerre froide, en 1989, a provoqué une dérive des plaques tectoniques de la « Françafrique ».

Les anciennes colonies françaises

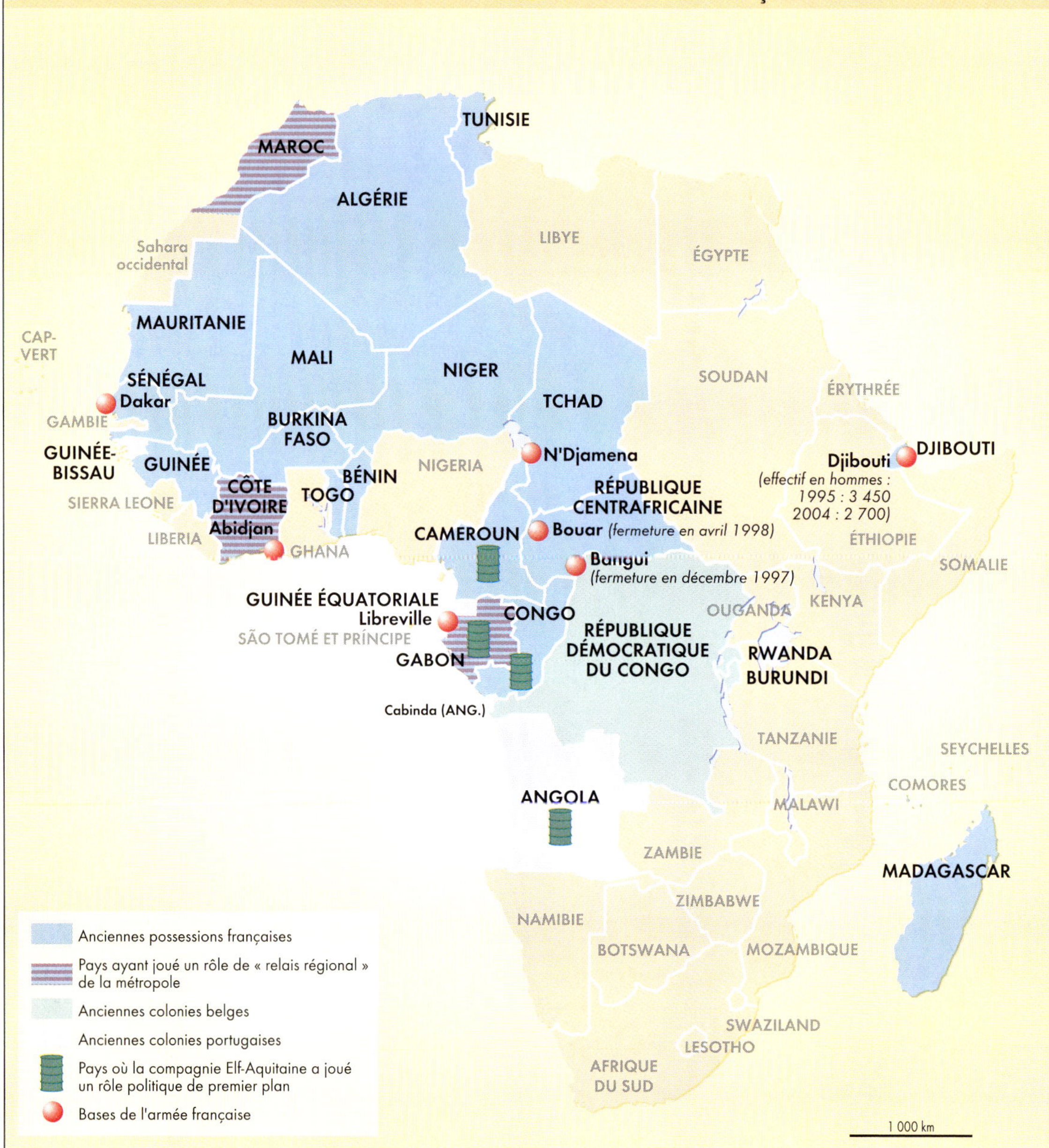

Une réalité néocoloniale

En 1974, s'adressant au parti unique de l'époque en Côte d'Ivoire, le président Félix Houphouët-Boigny a forgé le terme « Françafrique » pour illustrer l'étroitesse des relations franco-africaines. L'expression ne fut guère relevée. Ce n'est qu'après la mort du dirigeant ivoirien, en 1993, que ce néologisme fusionnel a été repris à leur compte – « France-à-fric » – par les pourfendeurs de la politique africaine de la France que l'un d'entre eux, François-Xavier Verschave, à la tête de l'association Survie, a dénoncé comme « le scandale le plus long de la République ». Le vocable militant recouvre des réalités : une « indépendance dans l'interdépendance », selon la formule d'Edgar Faure, la persistance d'une forte présence – politique, commerciale, militaire et culturelle – de la France, « partie pour mieux rester » dans ses anciennes colonies d'Afrique en y préservant une influence déterminante à travers une coopération multiforme, souvent de substitution, et les réseaux Foccart, des liens tissés pendant la résistance à l'occupation nazie par Jacques Foccart, le Monsieur Afrique du gaullisme, du Général à Jacques Chirac en passant par Georges Pompidou. En s'appuyant sur trois pays phares dans les anciens ensembles coloniaux de la France (le Maroc au Maghreb, la Côte d'Ivoire en Afrique de l'Ouest et le Gabon en Afrique centrale), Jacques Foccart a pratiqué une diplomatie parallèle si efficace qu'elle a été maintes fois copiée mais jamais égalée : ni par les réseaux Giscard ou ceux de Jean-Christophe Mitterrand, ni par les réseaux corses en général, ou ceux de Charles Pasqua en particulier… En revanche, les élites africaines se sont reconnues dans ce système informel, en dehors des institutions et de leurs mécanismes de contrôle : dans les années 1970, les anciennes colonies belges ont intégré la « Françafrique » ; dans les années 1980, les anciennes colonies portugaises s'y sont raccrochées, à travers la compagnie pétrolière Elf ou la zone franc.

LA COOPÉRATION MILITAIRE

EFFECTIFS MILITAIRES FRANÇAIS « PRÉ-POSITIONNÉS »

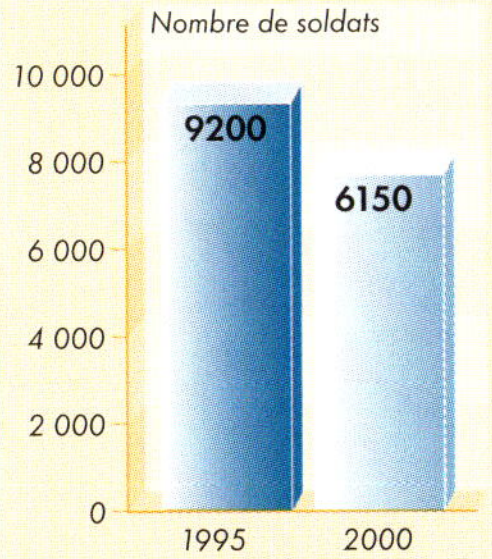

COOPÉRANTS MILITAIRES FRANÇAIS EN AFRIQUE

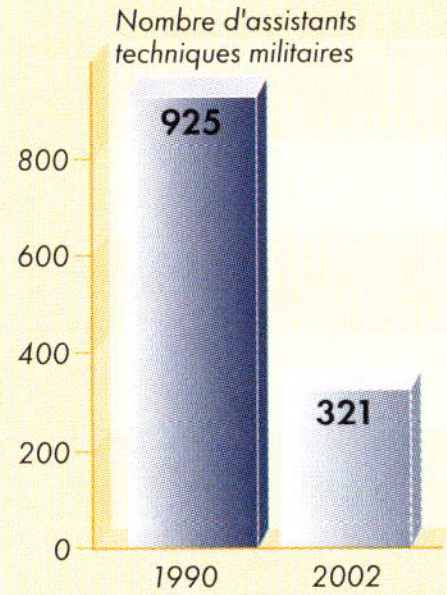

BUDGET DE LA COOPÉRATION MILITAIRE FRANÇAISE CONSACRÉ À L'AFRIQUE

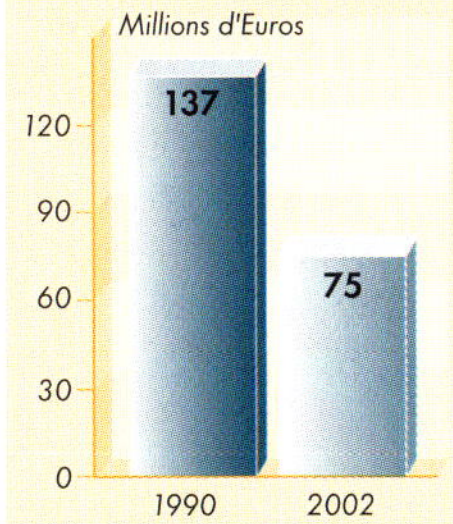

La fin d'une époque

Preuve de leurs anciennes puissance et confidentialité, les réseaux Foccart n'ont été dénoncés avec virulence qu'après la disparition de leur instigateur, en 1997, à l'âge de 83 ans. Ils s'étaient alors déjà effilochés, la présence française en Afrique ayant fortement diminué. La principale raison en était la fin de la guerre froide, qui avait mis au chômage technique le « gendarme de l'Afrique », en attendant que les attentats du 11 septembre 2001 fissent éclore une nouvelle matrice géopolitique, avec ses besoins de « gardiens de la paix » et de chasseurs d'islamistes dans les marges du monde. Rien n'interdit à la France de jouer ce rôle de sous-traitant, comme elle l'avait fait – avant la chute du mur de Berlin en 1989 – en combattant les alliés de l'URSS dans sa chasse gardée. Mais la « Françafrique » a épuisé ses ressources : la nouvelle génération de dirigeants, en France et sur le continent, n'a pas scellé de pacte clandestin ; l'Afrique est passée sous la tutelle du FMI et de la Banque mondiale, le mur monétaire autour du « pré carré » de la France s'étant effondré, en 1994, avec la dévaluation du franc CFA ; la même année, le génocide au Rwanda a jeté l'opprobre sur l'interventionnisme militaire de Paris et le bras pétrolier de la Ve République, Elf-Aquitaine, a été privatisé, avant d'être absorbé par Total en 1999. Le dénominateur commun de ces changements est le refus de l'opinion publique française, indignée par une succession de scandales, de continuer de cautionner une politique néocoloniale au nom d'un « rang à défendre ».

LES EXPATRIÉS

EXPATRIÉS FRANÇAIS VIVANT EN AFRIQUE

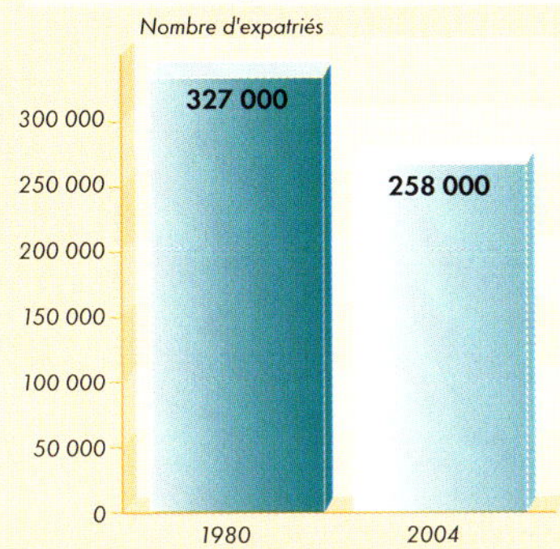

LES INVESTISSEMENTS DIRECTS

PART DES INVESTISSEMENTS DIRECTS FRANÇAIS CONSACRÉS À L'AFRIQUE

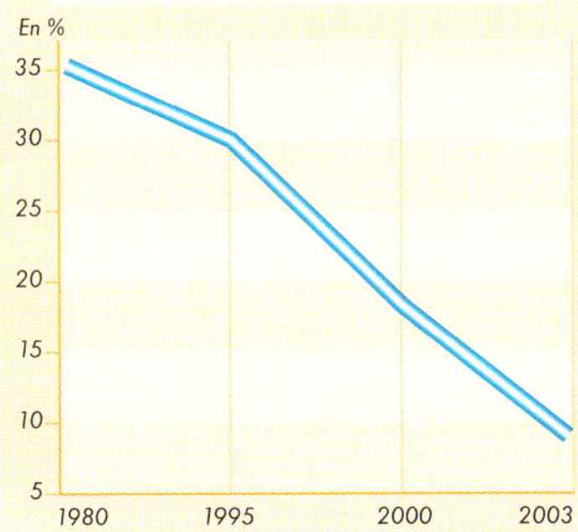

> « *L'histoire dira si nos tuteurs ont eu tort de nous tenir la main plus longtemps qu'il ne le fallait, ou si les drames vécus par des colonies trop tôt lâchées justifient l'attitude qui fut celle de la France.* »
>
> JEAN-PAUL NGOUPANDÉ, *L'AFRIQUE SANS LA FRANCE*, ALBIN MICHEL, PARIS, 2002.

LE RÈGNE DE L'APARTHEID

Colonie de peuplement européenne depuis que Jan van Riebeeck y avait débarqué en 1652, l'Afrique du Sud a institutionnalisé la ségrégation raciale – l'apartheid, le mot afrikaans pour « séparation » – en 1948, après la victoire électorale du Parti national. En 1960, à la suite du massacre de Sharpeville, où 69 manifestants noirs contre le port obligatoire du pass ont été tués par la police, les organisations anti-apartheid, dont le Congrès national africain (ANC), ont été interdites. Réduites à la clandestinité, leurs dirigeants mis en prison, elles se sont engagées dans la lutte armée.

L'AFRIQUE DU SUD SOUS L'APARTHEID

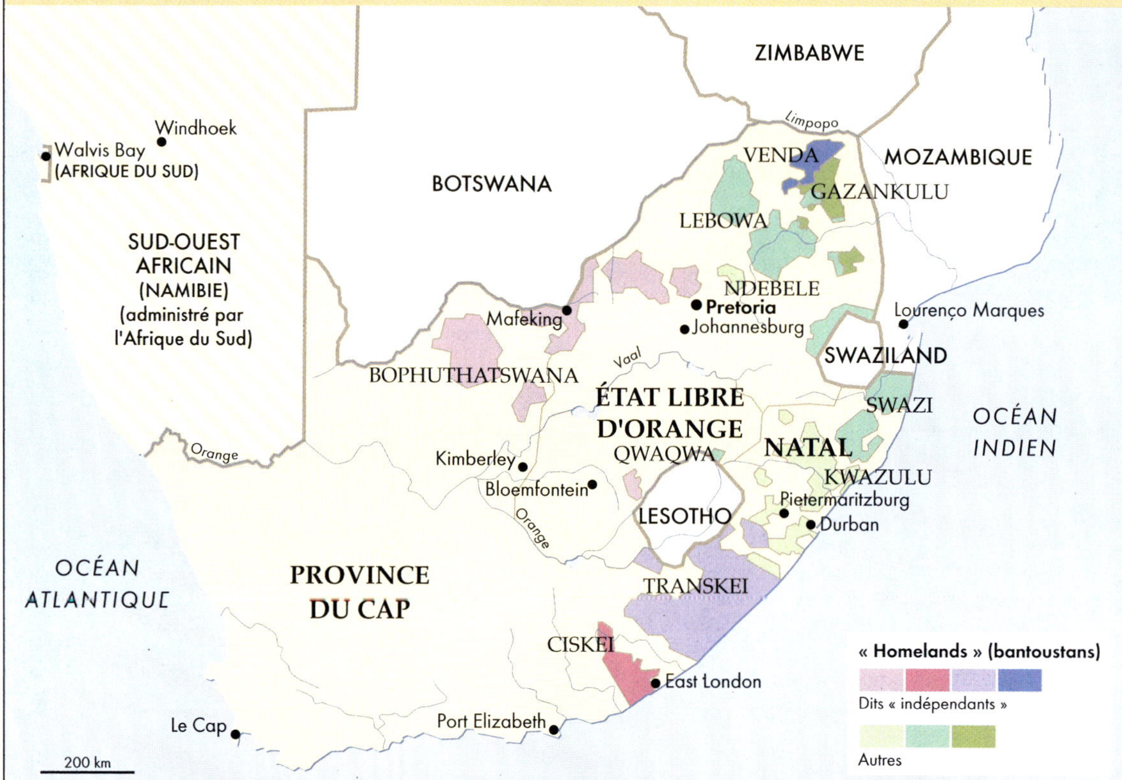

Source : J.-M. Balencie (et autres), *Mondes rebelles, acteurs, conflits et violences politiques*, Michalon, Paris, 1996.

L'AFRIQUE DU SUD AUJOURD'HUI

Un vaste arsenal législatif

Le partage inégal de la terre, au titre du Native Land Act de 1913, précède l'arsenal législatif qui, sous le régime de l'apartheid, va réglementer tous les aspects de la vie publique et privée en imposant le classement en catégories raciales de la population, la ségrégation résidentielle, le port obligatoire d'un *pass* lors des déplacements, l'usage discriminatoire des transports et équipements publics, voire le choix du partenaire sexuel (Immorality Act). À ce « petit apartheid » s'ajoute, en plusieurs phases à partir de 1959, le « grand apartheid » qui transforme les réserves établies en 1913 en « unités nationales noires », puis en États « indépendants » à l'intérieur d'une Afrique du Sud blanche, qui fait ainsi des Noirs des étrangers dans leur propre pays. Mais la communauté internationale n'a jamais reconnu la souveraineté de ces « bantoustans ».

Une démographie miroir du monde

Synthèse racialisée d'une situation planétaire qui oppose une minorité riche à un tiers monde populeux, le pays de l'apartheid reflète les caractéristiques démographiques des privilégiés et des damnés de la terre : la pyramide des âges chez les Blancs correspond ainsi, en 1985, à celle d'une nation industrialisée, cependant que celle des Noirs sud-africains reproduit le schéma du reste du continent, très élargie à la base et très resserrée au sommet. Les pyramides des Asiatiques et des métis, à l'image de leurs positions socio-économiques, présentent des situations intermédiaires. Le fort taux de croissance chez les Noirs a longtemps nourri chez les Blancs la peur obsidionale d'un « assaut total », d'un grand soir orchestré par les communistes du monde entier, avec l'appui des populations de couleur. De leur côté, au moment de l'apparition du sida vers la fin des années 1980, les Noirs sud-africains ont cru à un ultime stratagème du pouvoir en place pour diminuer leur fécondité.

L'ÉPUISEMENT DES RICHESSES NATURELLES

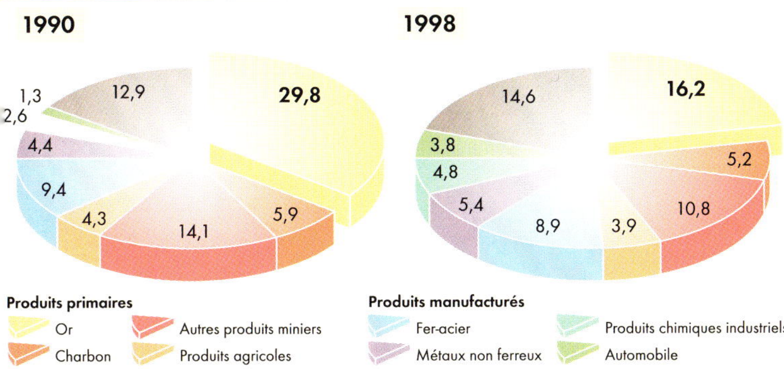

Source : Industrial Development Corporation, in J.-P. Cling, *L'Économie sud-africaine au sortir de l'apartheid*, Karthala, Paris, 2000.

PYRAMIDES DES ÂGES

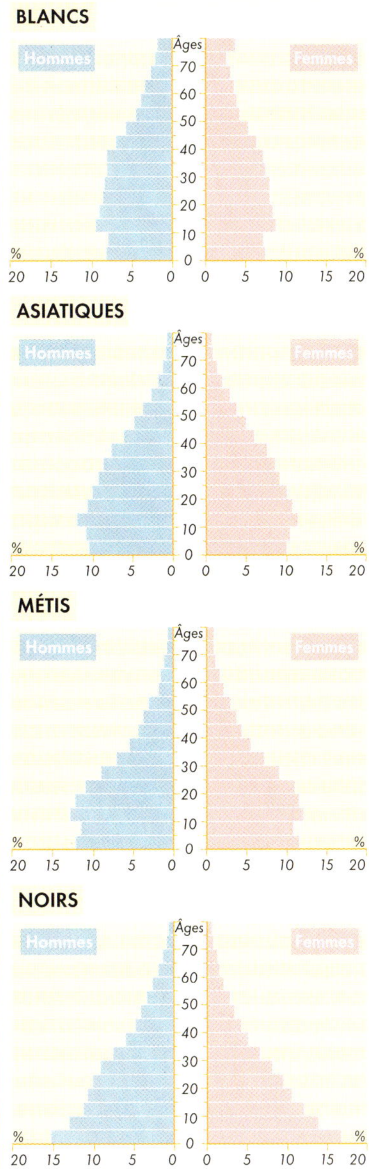

Source : *Official Yearbook of the Republic South Africa 1989-90*, Pretoria, 1990.

La fin d'un modèle économique

En 1922, une grève insurrectionnelle dans les mines oppose 25 000 ouvriers blancs au gouvernement et aux magnats industriels, alors dénoncés comme des « *Kaffirs Kings*, dont les mains ruissellent du sang de leurs compatriotes » pour avoir embauché des Noirs qui, à travail égal, touchent des salaires quatre fois moins élevés. Au cri « Tous unis pour une Afrique du Sud blanche ! », les grévistes se retranchent dans les puits. Leur révolte est écrasée par l'armée, appuyée par des blindés et l'aviation, au prix de 200 morts. Se met alors en place le modèle d'une économie extractive profitant d'une main-d'œuvre abondante et bon marché. Cependant, dans les années 1980, ce modèle épuise ses ressources, à la fois minières et humaines. En raison de la déplétion des gisements, l'importance des produits primaires extraits du sous-sol tend à diminuer et l'industrie manufacturière nécessite une main-d'œuvre plus qualifiée pour augmenter ces exportations, notamment vers l'intérieur de l'Afrique.

LE COMMERCE TRANSAFRICAIN

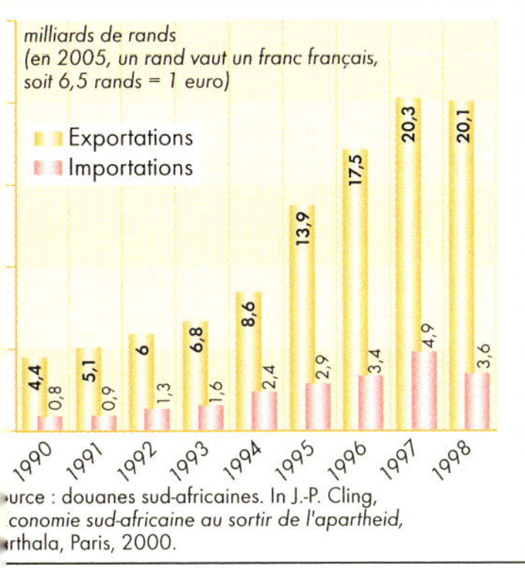

Source : douanes sud-africaines. In J.-P. Cling, *L'Économie sud-africaine au sortir de l'apartheid*, Karthala, Paris, 2000.

> « *Le 12 septembre 1977, la police annonce la mort en détention de Steve Biko, le leader du mouvement de la Conscience noire et héros de la jeunesse des townships, qui s'est révoltée en 1976 à Soweto puis dans les autres ghettos noirs de l'Afrique du Sud.* »

LES RICHESSES MINIÈRES

Durant la guerre froide, l'Afrique a été le continent des minerais stratégiques. Réduite à une carte géologique, avec l'Afrique du Sud comme sanctuaire inexpugnable à sa pointe méridionale et des gisements – notamment d'uranium – sécurisés au Niger et dans l'ex-Zaïre, le « continent convoité » était alors une réserve bien gardée pour un petit tiers des réserves minérales mondiales : pour 97 % du chrome, 54 % du manganèse, 40 % de l'or, 20 % du fer... Cependant, l'Afrique a payé cher d'avoir lié son développement aux cours erratiques de matières premières, sans valeur ajoutée.

L'OR, L'URANIUM, LES DIAMANTS, LE CUIVRE ET LA BAUXITE

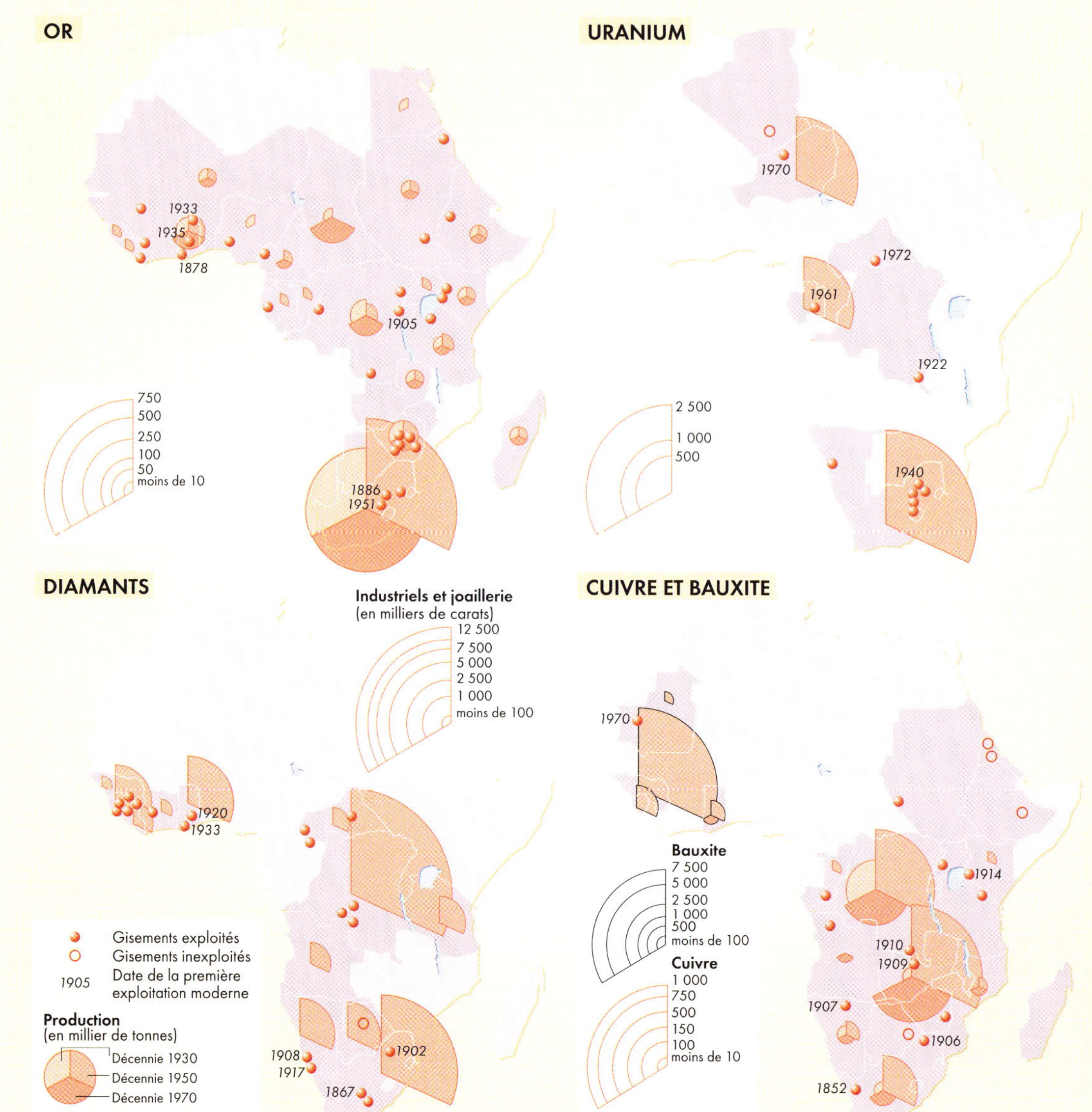

Source : J. F. Ade Ajayi et M. Crowder, *Atlas historique de l'Afrique*, Éditions du Jaguar, Paris, 1988.

Une prime de réserve

Hérité de la colonisation, le cliché du pillage de l'Afrique est étroitement lié à celui du scandale géologique que constituerait un continent si richement doté en minerais qu'il suffirait d'y gratter la terre pour faire fortune. Sauf pour l'Afrique du Sud et le *copperbelt* – la ceinture du cuivre – qui s'étend du Shaba-Katanga à la Zambie, c'est un fantasme. Mais il a été nourri, pendant la guerre froide, par la « prime de réserve » que l'Occident a payée à l'Afrique pour garantir la sécurité de ses approvisionnements. Après la flambée des prix des matières premières dans les années 1970, les cours se sont effondrés, à partir de 1982, atteignant – en termes réels – leur niveau le plus bas depuis 1950. Au début des années 2000, leurs prix étaient toujours, en moyenne, de 25 % inférieurs à ceux des années 1970. L'Afrique n'a pas cessé de perdre des parts de marché face aux grands exportateurs que sont le Canada, les États-Unis, l'Australie et, depuis la chute du mur de Berlin, la Russie et l'Ukraine. Les industriels achetant de plus en plus des produits semi-finis composites, l'Afrique est de moins en moins compétitive, faute de diversification, d'un début de transformation de ses richesses, au demeurant extraites à des coûts (notamment de transport) souvent prohibitifs. Dès la fin de la guerre froide, la perte de la prime auparavant accordée aux réserves africaines a été attestée par la longue agonie du régime du maréchal Mobutu, puis le dépeçage de l'ex-Zaïre, en l'absence d'une intervention occidentale.

LE PIB EN AFRIQUE SUBSAHARIENNE

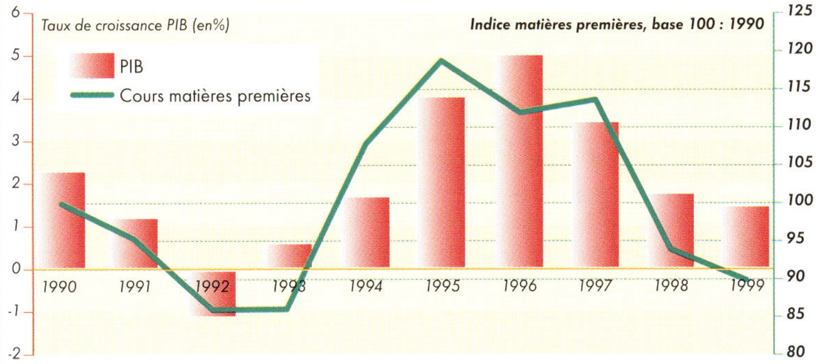

Source : Banque mondiale et *The Economist*. In J.-P. Cling, *L'Économie sud-africaine au sortir de l'apartheid*, Karthala, 2000.

> **« Pendant la guerre froide, pour faire pièce à la mainmise des Américains sur les champs du Moyen-Orient, des pays européens – la France et la Grande-Bretagne, mais aussi les Pays-Bas et l'Italie – ont cherché à s'approvisionner en pétrole à partir de l'Afrique. »**

L'AFRIQUE DU SUD ET LES MINERAIS

	Production		Réserves	
	%	Rang	%	Rang
Vanadium	51,1	1	44,8	1
Platine (PGM)	48,0	1	55,7	1
Vermiculite	45,9	1	40,0	1
Chrome	35,9	1	68,3	1
Ferrochrome	34,6	1	-	1
Alumino-silicates	34,2	1	37,0	1
Zirconium	30,0	2	26,0	2
Or	23,0	1	40,4	1
Titane	20,0	2	17,0	2
Manganèse	14,1	3	81,4	1

Source : SA Yearbook. In J.-P. Cling, *L'Économie sud-africaine au sortir de l'apartheid*, Karthala, Paris, 2000.

La rente minière

Grâce aux bénéfices tirés de leurs activités extractives, mais aussi au désinvestissement des multinationales étrangères et au protectionnisme en réponse aux sanctions contre l'apartheid, les groupes miniers sud-africains se sont transformés en puissants conglomérats industriels.

Les « termes de la chance »

La dégradation des termes de l'échange tient lieu d'explication de la détérioration de la situation économique des nombreux pays africains dépendant, pour l'essentiel de leur revenu en devises, de l'exportation de matières premières, minières ou agricoles. La démonstration repose sur l'indication, à plusieurs années d'intervalle, du tonnage qu'il faut vendre pour pouvoir importer en échange, par exemple, un tracteur ou des machines-outils fabriqués en Occident. Elle est pertinente dans la mesure où, dans une économie mondiale de plus en plus différenciée, la quête de la plus-value à apporter aux produits induit une chute tendancielle des prix des matières premières. Mais la *vox populi* africaine n'a pas tort de parler plutôt des « termes de la chance » : pour rappeler la nature foncièrement aléatoire des prix des matières premières, puisque l'essor industriel de l'Asie (consommatrice, depuis le milieu des années 1990, de 30 à 40 % des minerais mondiaux) est venu démentir – provisoirement – la baisse tendancielle des cours ; mais, aussi, pour souligner que les pays exportateurs n'ont pas alimenté, pendant les périodes de flambée des prix, les caisses de stabilisation des matières premières qui devaient compenser les pertes à venir. Si, par exemple, l'ex-Zaïre avait provisionné pour l'avenir dans la première moitié des années 1970, quand il affichait des taux de croissance autour de 7 %, son économie minière ne se serait pas effondrée au point d'être livrée à la « cannibalisation » dix ans plus tard.

Les conflits de substitution

L'Afrique a clairement été un enjeu de la guerre froide, mais d'une priorité stratégique aussi modeste que son poids international. Les guerres de substitution, menées par des acteurs locaux pour le compte des États-Unis ou de l'URSS, y ont été peu nombreuses, même si tous les conflits armés étaient surdéterminés par la rivalité Est-Ouest. L'instrumentalisation des superpuissances par les acteurs africains a été plus importante que l'actionnement de « pions » depuis Moscou ou Washington. La décote géopolitique a permis à la France de jouer le rôle du « gendarme de l'Afrique ».

> ***« Le nombre des pays africains destinataires de livraisons d'armes par l'URSS est passé de vingt-deux au début des années 1970 à sept à la veille de la chute du mur de Berlin, avec l'Angola, la Libye, l'Éthiopie et l'Algérie comme meilleurs clients permanents. »***

La guerre froide en Afrique

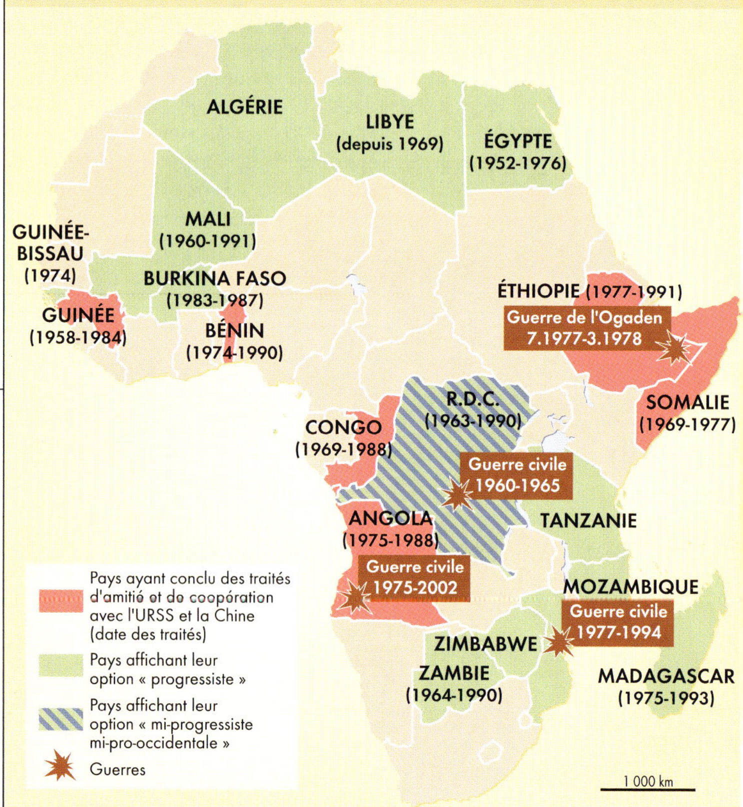

Trois théâtres d'implication forte

Trois conflits africains ont réellement mobilisé les deux superpuissances de la guerre froide : entre 1960 et 1965, l'Union soviétique espérait, et les États-Unis redoutaient, le basculement de l'ex-Congo belge dans le camp socialiste et la « congolisation » de toute l'Afrique centrale par la multiplication de foyers de guérilla ; à partir de 1975, Moscou et Washington se sont affrontés en Angola, sur la ligne de front des États hostiles à l'Afrique du Sud de l'apartheid, l'URSS sous-traitant l'intervention à ses auxiliaires cubains – jusqu'à 50 000 – cependant que les États-Unis soutenaient l'Unita, le mouvement rebelle de Jonas Savimbi ; enfin, en 1977-1978, à la faveur de la guerre d'Ogaden entre la Somalie et l'Éthiopie, les deux puissances tutélaires ont renversé leurs alliances dans la Corne de l'Afrique, d'intérêt soutenu en raison de sa proximité des champs pétroliers de la péninsule Arabique ; des milliers de conseillers soviétiques et de soldats cubains ont alors déménagé de Mogadiscio à Addis-Abeba.

ES INTERVENTIONS MILITAIRES EN AFRIQUE

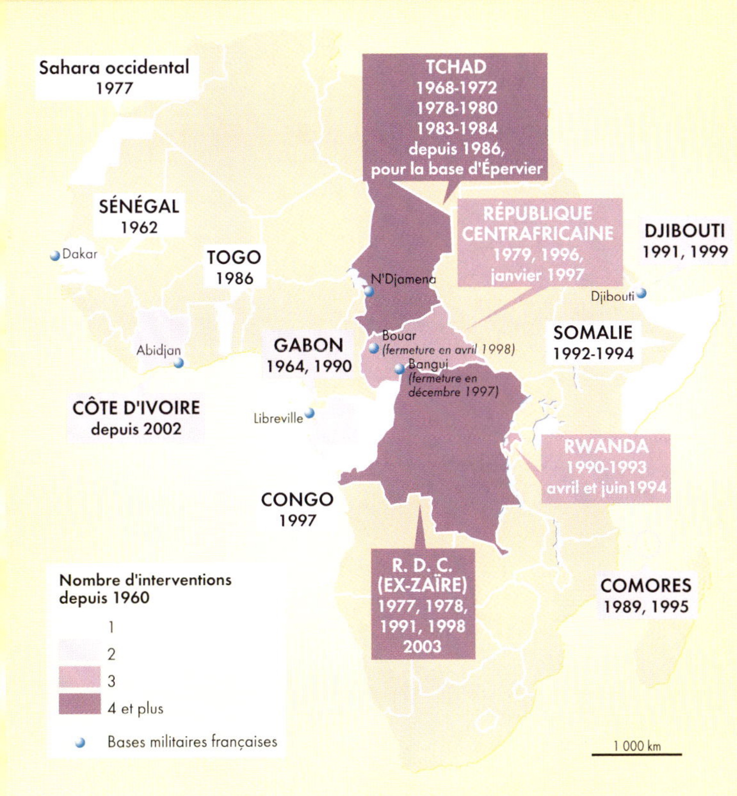

L'ANGOLA

Source : J.-M. Balencie, *Mondes rebelles, acteurs, conflits et violence politique*, Michalon, Paris, 1996.

Le « gendarme » français

L'interventionnisme français est apparu comme la preuve armée d'une tutelle néocoloniale, mais recouvre des réalités disparates : en effet, quoi de commun entre la sauvegarde du pouvoir du président-poète Léopold Sédar Senghor en 1962 au Sénégal et la déposition, en 1979, de l'empereur Bokassa en Centrafrique, quand le nouveau chef de l'État – David Dacko – fut amené dans la soute d'un Transall français ? Ou, encore, entre le largage de « paras » sur Kolwezi, en 1978, et la sanctuarisation, à partir de 1986, du nord du Tchad face aux menaces libyennes ? « Gendarme de l'Afrique » pendant la guerre froide, la France affirmait veiller à la stabilité du continent. De fait, dans ses anciennes colonies (avec 115 millions d'habitants en 1985), il y eut nettement moins de victimes de guerre (40 000) que dans les ex-colonies britanniques (315 millions d'habitants, 2,5 millions de morts), belges (60 millions d'habitants, 2 millions de morts) ou portugaises (30 millions d'habitants, 1,2 million de morts).

Relecture de guerres

Pendant plus de trente ans, la guerre quasi permanente en Angola – d'abord lutte armée pour l'indépendance du Portugal, acquise en 1975, puis guerre civile aux fortes implications internationales jusqu'à la mort, en 2002, du chef rebelle Jonas Savimbi – a donné lieu à des lectures successives, tantôt géopolitique (pouvoir marxiste contre rebelles pro-occidentaux), tantôt ethnique (métis de la côte contre Ovimbundus du *hinterland*) et, pour finir, économique (pétrole *off shore* contre diamants extraits à l'intérieur des terres). De la même façon, la très longue guerre civile au Soudan, d'abord perçue comme une décolonisation manquée (pouvoir central contre partisans du fédéralisme), puis comme affrontement régional ethnico-religieux (les Arabes, musulmans, du nord contre les Africains, chrétiens ou animistes, du sud) et, enfin, comme guerre d'accaparement du pactole pétrolier découvert en 1978 et exploité depuis l'achèvement d'un oléoduc jusqu'à la mer Rouge en 1999.

LE SOUDAN EN MARS 2005

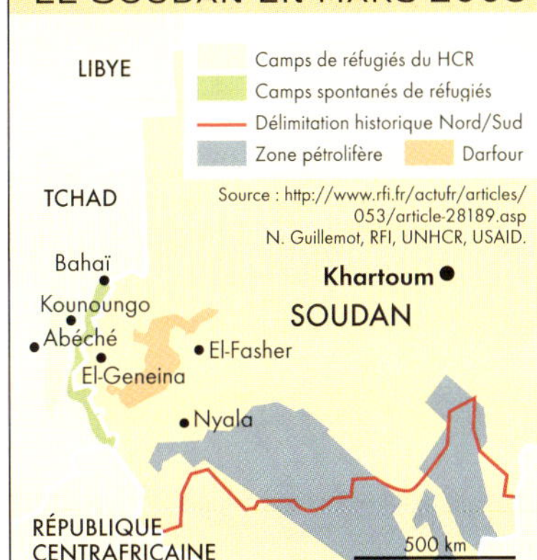

L'AIDE AU DÉVELOPPEMENT

Le terme « sous-développement » a été employé par le président Harry Truman dans un discours, le 20 janvier 1949, au Congrès américain. Il fait partie de la panoplie idéologique de la guerre froide, pendant laquelle l'aide au développement constituait – hormis toute considération humanitaire – un loyer géopolitique versé aux régimes alliés en échange de leur allégeance. Le 24 octobre 1970, l'Assemblée générale de l'ONU a fixé, pour les pays industrialisés, à 0,7 % de leur PNB le seuil minimal – seulement atteint, depuis, par quelques pays nordiques – de l'aide à verser aux États pauvres.

Un loyer géopolitique

L'Afrique est la partie du monde la plus aidée. Pendant la décennie 1980, le continent recevait, en moyenne, 15 milliards de dollars par an, soit 31 dollars par tête d'habitant, presque le triple de la moyenne (11 dollars) pour l'ensemble du tiers monde. Durant la guerre froide, le critère décisif pour l'octroi de l'aide publique au développement (APD) n'était pas le soutien à apporter à des efforts de « bonne gouvernance » (un terme d'ailleurs seulement employé par la Banque mondiale, après la chute du mur de Berlin), même si c'était un effet recherché et publiquement mis en avant. Mais il s'agissait, avant tout, de récompenser de fidèles alliés, pour qui l'APD ainsi versée constituait une sorte de loyer géopolitique. Parmi beaucoup d'autres exemples (Maroc, Égypte, Somalie, Côte d'Ivoire, Gabon, Kenya), celui de l'ex-Zaïre est particulièrement saisissant : du début de la grande crise économique, en 1975, à la chute du maréchal Mobutu en mai 1997, ce pays a reçu 9,3 milliards de dollars d'aide par l'Occident et, paradoxalement, davantage de fonds 524 millions de dollars par an, par rapport à 331 millions – après la révélation par le banquier allemand Erwin Blumenthal, en 1982, du détournement du budget de l'État par le président Mobutu de 5 milliards de dollars, soit alors l'équivalent de la dette extérieure du pays… La démonstration *a contrario* : après la guerre froide, entre 1989 et 2000, l'APD consentie à l'Afrique – pourtant plus que jamais en crise et incitée à se démocratiser – a brutalement chuté, de 29 % en termes réels.

AIDE EN DOLLARS PAR HABITANTS DE 1960 À 2000

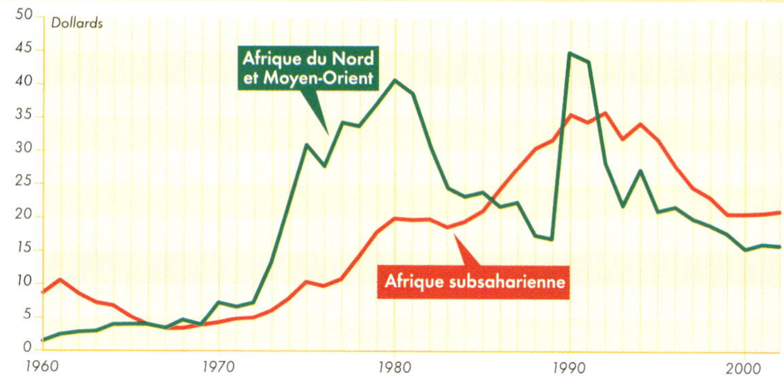

Source : J.A./L'Intelligent, H.S. n° 6, L'état de l'Afrique 2004.

> ***Les pays africains n'ont pas encore bien compris qu'ils sont pauvres, car ils peuvent encore trop facilement nous « taper ».***
>
> **René Dumont, *L'Afrique noire est mal partie*, Paris, Le Seuil, 1962.**

L'AIDE FRANÇAISE

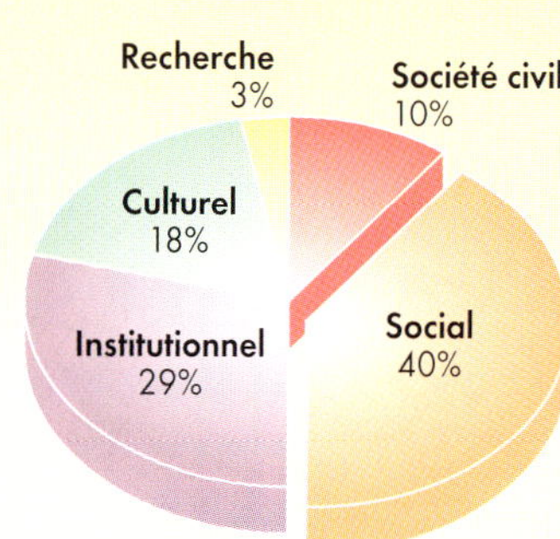

Source : Rapport Coop.

LE COTON

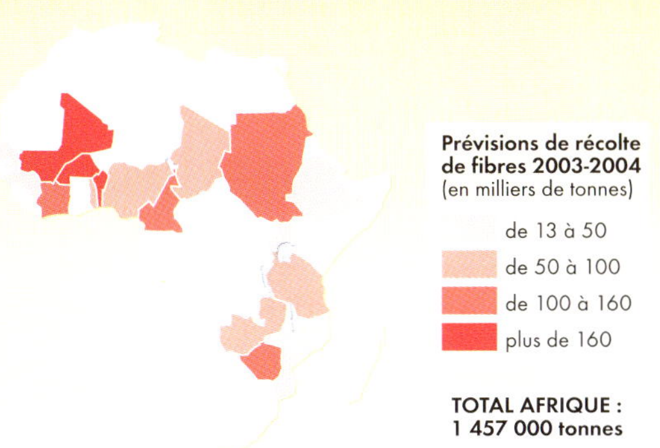

Source : CCIC *in J.A./L'Intelligent*, H.S. n° 6, L'état de l'Afrique 2004.

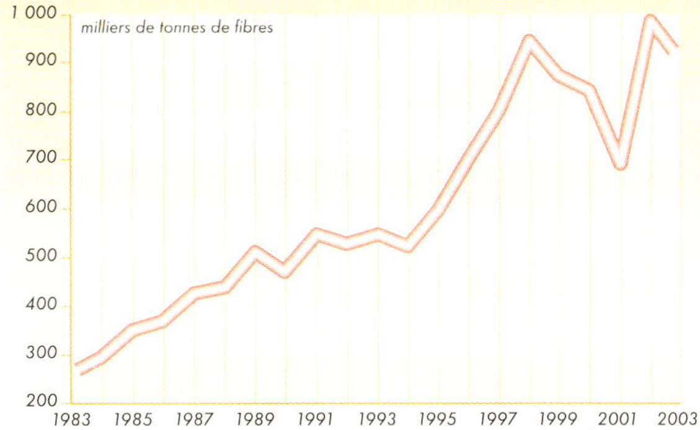

Source : Dagris J.A./L'Intelligent, H.S. n° 6, L'état de l'Afrique 2004.

LE SCANDALE DES SUBVENTIONS

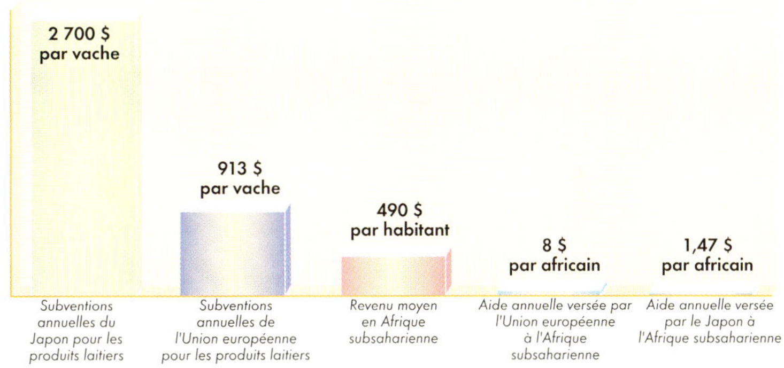

Sources : PNUD, Rapport 2003, S. Brunel, *L'Afrique*, Paris, Bréal, 2004.

L'iniquité des subsides

Le propre de l'aide au développement, c'est d'être toujours… insuffisante. Entre 1958 et 2002, l'aide consentie par les 22 pays de l'OCDE, toutes destinations confondues, s'élevait à 1 250 milliards de dollars, l'équivalent d'une année et demie de dépenses militaires dans le monde. Entre 1960 et 2000, l'Afrique subsaharienne a reçu environ 300 milliards de dollars, moins que les subventions agricoles annuelles au sein de l'OCDE (350 Md$). Un autre exemple, celui des subventions accordées aux producteurs américains de coton, une culture qui fait vivre dans le Sahel 10 millions de paysans, pose le problème du *trade not aid* (« du commerce plutôt que de l'aide », le mot d'ordre du gouvernement américain depuis la fin de la guerre froide), en des termes peu obligeants pour Washington : en subventionnant ses plantations de coton de 230 dollars par acre en 2002, les distorsions engendrées sur le marché mondial ont privé le Mali de 43 millions de dollars, bien que le coût de revient d'un kilo de coton y fût trois fois inférieur au prix aux États-Unis. La même année, le Mali a reçu, au total, 37 millions de dollars d'aide.

Mais il faut se garder de raccourcis démagogiques : un « plan Marshall pour l'Afrique », si souvent revendiqué, ne résoudrait pas les problèmes du continent, qui a obtenu en 1996 l'équivalent de 12,3 % de son PIB sous forme d'aide – contre 2,5 % pour la France et l'Allemagne après la Seconde Guerre mondiale – sans se développer pour autant. L'aide représentait alors la moitié des recettes et même 71 % des investissements des gouvernements bénéficiaires.

L'aide de la France : importante et intéressée

L'effort d'aide publique au développement (APD) de la France est important, d'un montant global de près de 150 milliards de dollars entre 1958 et 2002, soit environ la moitié de l'aide consentie par les États-Unis, pourtant quatre à cinq fois plus peuplée qu'elle. L'aide française tombe sous le jugement émis par la Banque mondiale dans une vaste étude d'évaluation, publiée en 1998 : « L'aide de la guerre froide, dominée par des considérations stratégiques, a peut-être réalisé ses objectifs politiques, mais celle qui est allée à des pays à médiocre gestion n'a fait que peu de chose pour réduire la pauvreté. » Il s'y ajoute que l'aide bilatérale de la France était – et reste – souvent « liée », c'est-à-dire conditionnée à l'achat de produits français, ce qui la transforme en subvention déguisée. En 2003, le « taux de retour » demeurait élevé : pour 100 euros donnés, 61 euros revenaient dans l'Hexagone sous forme de commandes. Quant à la répartition sectorielle de l'APD française, elle a longtemps privilégié l'institutionnel – l'aide d'État à l'État – au détriment de la société civile, de subventions versées aux associations des pays récipiendaires. À ce titre, elle tombe sous le verdict de l'économiste britannique Peter Bauer (1915-2002), qui définissait l'aide publique comme un « transfert de gouvernement à gouvernement, qui consiste à imposer les pauvres dans des pays riches pour soutenir le mode de vie des riches dans les pays pauvres ».

LA CRISE DE L'ÉTAT POSTCOLONIAL

Affaibli par la perte de ses rentes, due à la chute des prix des matières premières et aux coupes opérées à la fin de la guerre froide dans les budgets d'aide de ses bailleurs de fonds, l'État en Afrique, exposé aux exigences d'une démocratisation sanctifiée par l'Occident, s'est effondré, partiellement ou intégralement : du Liberia aux deux États congolais, en passant par la Somalie ou la Centrafrique, ses monopoles de la violence légitime et de l'extraction fiscale ont été remis en cause par des « seigneurs de la guerre » et un racket généralisé, souvent le fait de ses fonctionnaires impayés.

LES FONCTIONS RÉGALIENNES DE L'ÉTAT

ÉTAT

Extérieur — Politique étrangère

Du fait de leur extrême dépendance, nombre d'États africains, dont certains étaient auparavant portés à bout de bras par leur ancienne puissance coloniale en échange de leur vote « utile » aux Nations unies, sont depuis la fin de la guerre froide des pavillons de complaisance sur la scène internationale qui vendent leur voix au mieux offrant : les tournées de ministres français et américain sur le continent en 2003, à la veille du vote décisif sur la légitimité d'une intervention en Irak par le Conseil de sécurité, où siégeaient alors quatre pays africains, ont mis en évidence cette réalité.

Extérieur — Sécurité du territoire

Pendant la guerre froide, des mercenaires et des puissances extérieures – en particulier la France et Cuba, par l'envoi de troupes – ont suppléé à l'incapacité d'États africains à assurer la défense de leur territoire (voire à maintenir l'ordre intérieur). Depuis la chute du mur de Berlin, ce vide est comblé, outre par le mercenariat persistant sous d'autres formes, par des opérations multilatérales (ONU, organisations régionales) et l'interventionnisme d'États africains (Angola, Nigeria, Ouganda, Rwanda, Zimbabwe), qui s'affirment comme de nouveaux « gendarmes » dans une partie du continent.

Intérieur — Sûreté des biens et des personnes

À la fin de la guerre froide, la coopération militaire française a été réorientée, au détriment des armées africaines auparavant encadrées, sur la formation de « forces de l'ordre républicaines ». Cependant, impayées par des États en faillite, la police et la gendarmerie participent souvent en première ligne, par exemple sur des barrages routiers, au racket de la population. Parallèlement, le banditisme des grands chemins (« coupeurs de route »), et la criminalité en général, ont pris une telle ampleur que des zones entières, ou des quartiers de villes, sont devenus des no man's lands de la légalité.

Intérieur — Respect du droit et imposition de la justice

La corruption généralisée par le naufrage de l'État patrimonial, mais aussi la politisation de la magistrature depuis le retour au pluralisme partisan, sont venues à bout même des apparences du droit dans de nombreux pays africains. L'existence de milices proches du pouvoir en place, tels les « patriotes » ivoiriens, rend illusoire le règne du droit, et périlleuse l'imposition de la justice. À Bangui, entre 1996 et 2002, il n'existait plus de prison pour des condamnés que l'État centrafricain – loin d'être seul dans ce cas - n'avait de toute façon plus les moyens ni de surveiller ni de nourrir.

Intérieur — Éducation

L'échec global de la scolarisation de base – 57 % d'une générati[on] africaine entrent dans [le] primaire et seulement 27 % d'entre eux achèvent le cycle élémentaire d'instruction – pèse lourd sur l'avenir d'un continent dont près de la moitié des habitants ont moins de 15 ans. D'autant plus qu'il faut se méfier de ces chiffre[s] compte tenu de la défaillance de l'État civil : au Sénégal, « sur dix enfants âgés de moins de cinq ans, quatre ne sont pas enregistrés à l'état civil selon l'Unicef, qui éval[ue] à 70 %, pour toute l'Afrique subsaharienne le pourcentage des enfants ignorés par l'État.

De l'État patrimonial à l'État fantôme

L'État en Afrique, né de la « greffe » coloniale, a longtemps été qualifié de patrimonial, les élites indépendantistes s'étant installées à ses commandes pour généraliser une « politique du ventre » (Jean-François Bayart), faite de corruption et de clientélisme. Rétrospectivement, cette perception doit être relativisée par la faible part de l'État africain dans le PIB, qui n'a jamais atteint 20 % (alors qu'elle dépasse 40 % dans les pays riches), et par l'expérience – notamment en Somalie depuis 1991 – d'une anarchie qui fait préférer un État, fût-il mauvais, à l'absence de l'État. Or, pour des raisons économiques et (géo)politiques, l'État rentier de la guerre froide a épuisé ses ressources. En 1997, la Banque mondiale a publié un rapport – *L'État dans un monde en mutation* – où elle reprenait à son compte ce qui, dans le monde académique anglo-américain, était alors déjà un lieu commun : le syndrome du *failed state* (« État raté ») ou du *state collapse* (« effondrement de l'État ») en Afrique. Après avoir elle-même contribué à affaiblir l'État en Afrique, par le dégraissage de la fonction publique, des coupes claires dans ses budgets et la privatisation des entreprises nationales, la Banque mondiale a constaté « une perte fondamentale de capacité institutionnelle », identifiant « trois pathologies qui se recoupent en partie » : la perte de légitimité aux yeux d'une population qui se demande à quoi sert l'État dès lors qu'il n'assure plus l'entretien des infrastructures, les services publics de base ou l'éducation nationale ; le pillage de l'État par ses « serviteurs », du haut en bas de la pyramide ; et la destruction du maillage administratif, par effilochage ou du fait de « conflits déstructurés », de violences endémiques.

Souvent incapable d'assurer la sécurité du territoire national et celle de ses citoyens, malgré de fortes dépenses sécuritaires et une coopération militaire multiforme, l'État africain, d'une capacité à lever l'impôt à la fois dérisoire et effrayante, oscillant entre l'extorsion de fonds et le paradis fiscal (l'imposition, de l'ordre de 10 % dans les pays subsahariens, y est quatre fois moindre qu'en France), chancelle sur ses bases depuis la fin de la guerre froide. Cependant, même à travers sa négation provisoire (comme en Somalie), il demeure une référence absolue, l'enjeu et le cadre de toutes les batailles. Sur le continent, l'État renaît d'autant mieux de ses cendres que les régimes sont brûlés les uns après les autres : dans l'ex-Zaïre, si souvent voué à une dislocation imminente, cinq années de guerre à la fois civile et régionale, sous-tendues par les visées annexionnistes du Rwanda voisin, ne sont pas venues à bout de l'attachement des populations de ce pays continent – grand comme l'Europe de l'Ouest – à un État incarnant l'unité nationale.

Intérieur

Santé

Seul le filet de sécurité que les organismes spécialisés de l'ONU (OMS, Unicef, PAM,...) et de nombreuses ONG (organisations non gouvernementales) ont mis en place, en se substituant de fait à l'État, assure une prise en charge minimale des malades, et la fourniture de médicaments à des prix abordables, dans nombre de pays africains. Néanmoins, la plupart des hôpitaux y sont des mouroirs, des maladies naguère proclamées « éradiquées », telle que la variole en 1977, refont surface, et les campagnes de vaccination contre les grandes épidémies ont cessé d'être régulières et générales.

« ***L'État en Afrique repose sur des fondements autochtones et sur un processus de réappropriation des institutions d'origine coloniale qui en garantissent l'historicité propre.*** »

Jean-François Bayart, *L'État en Afrique. La politique du ventre*, Paris, Fayard, 1989.

La fin de la tutelle géopolitique propre à la guerre froide marque aussi la fin des dictatures soutenues par l'Occident ou le camp soviétique, d'autant que l'opposition interne aux régimes autoritaires s'intensifie au même moment, sur fond de crise existentielle de l'État postcolonial. Le 11 février 1990, la libération de Nelson Mandela, après vingt-sept années de captivité, amorce un miracle : la sortie négociée de l'apartheid en Afrique du Sud. En juin 1990, au sommet France-Afrique de La Baule, François Mitterrand endosse la légitimité de la revendication démocratique en Afrique francophone.

Chef d'État africain, un métier à risque

Entre 1960 et 1990, 79 coups de force réussis ont été recensés en Afrique. La prise de la radio-télévision nationale au petit matin et l'apparition des blindés aux points stratégiques de la capitale étaient le cliché du changement brutal de régimes rituellement dénoncés comme « corrompus » et « tribalistes » par les nouveaux arrivants. Jusqu'à la chute du mur de Berlin, un seul dirigeant – le premier ministre mauricien Seewoosagur Ramgoolam, en 1982 – a quitté le pouvoir à la suite d'une défaite électorale ! Au cours des trois premières décennies de l'indépendance, 82 dirigeants ont été renversés ou assassinés, seulement huit s'étant retirés en paix.

Depuis 1990, trente chefs d'exécutif ont été renversés ou assassinés, onze se sont retirés en paix et dix-huit ont quitté le pouvoir défaits dans les urnes. Tous les pays d'Afrique, sauf la – mal nommée – République démocratique du Congo, ont connu une élection pluraliste. Mais nombre de ces scrutins ont été frauduleux, des voiles de légitimité pour des restaurations autoritaires. Aussi le métier de chef de l'État reste-t-il un emploi à grands risques, tout comme celui de l'opposant légal, l'alternance pacifique au pouvoir demeurant rare et la perte du pouvoir signifiant la perte de toute ressource pour le « sortant » et, souvent pour son groupe ethnique – ce qui incite au maintien au pouvoir par tous les moyens ou à sa conquête par les armes.

COMMENT LES CHEFS AFRICAINS QUITTENT LEUR POSTE

	1960 1969	1970 1979	1980 1989	1990 1999	2000 2003	Total
Renversé par un coup d'état, une guerre ou une invasion	27	30	22	22	6	**107**
Mort naturelle ou accident	2	3	4	3	0	**12**
Assassinat (hors coup d'État)	1	1	1	2	0	**5**
Démission	1	2	5	9	2	**19**
Perte des élections	0	0	1	12	6	**19**
Autre (gouvernement intérimaire)	6	8	4	14	1	**33**

Source : A. Goldsmith, *Risk, rule and reason in Africa*, Harvard University, *The economist*. 17 janvier 2004.

Les voies de la démocratie

Les chemins de la démocratisation en Afrique ont été multiples, mais ceux ayant abouti ont tous conduit, souvent sous la pression de la rue ou d'une lutte armée, à une refonte du pouvoir politique par une constituante, soit une assemblée, soit une « conférence nationale souveraine » des forces vives de la nation. Fort de leur richesse accumulée, de l'appui d'une armée souvent tribale mais, aussi, du soutien d'alliés extérieurs, notamment de l'État français ou de ses réseaux d'influence, nombre de dictateurs se sont maintenus au pouvoir en se convertissant en dirigeants élus à la faveur de scrutins contestables. Toutefois, des alternances démocratiques ont eu lieu au Bénin, au Cap-Vert, en Centrafrique, au Congo-Brazzaville, au Ghana, en Guinée-Bissau, à Madagascar, au Mali, à Maurice, au Kenya, à São Tomé et Príncipe, au Sénégal et en Zambie. Longtemps des dictatures militaires, d'autres États, comme l'Éthiopie ou le Nigeria, sont revenus à des formes constitutionnelles de gouvernement. Un véritable miracle, dû à la vision de leaders tels que Nelson Mandela et Frederik De Klerk, colauréats du prix Nobel de la paix en 1993, a eu lieu en Afrique du Sud, qui a mis fin à la ségrégation raciale et instauré la démocratie par le premier vote fondé sur le principe « un homme, une voix », en avril 1994. Là encore, la conjonction des luttes internes et des conditions géopolitiques a été décisive : dès décembre 1988, les accords quadripartites liant le départ des soldats cubains d'Angola à l'indépendance de la Namibie ont ouvert la voie à la fin de l'apartheid.

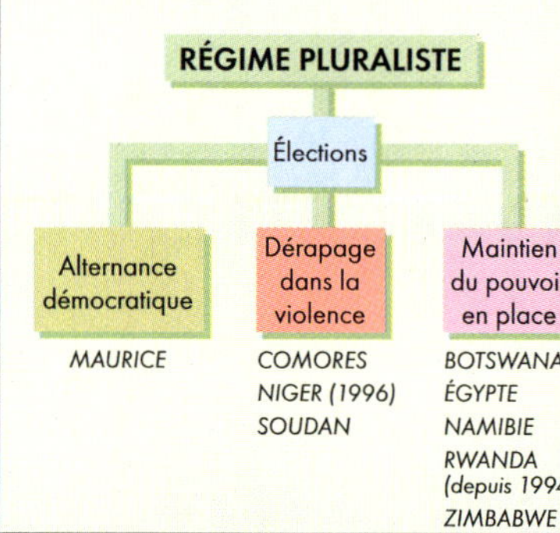

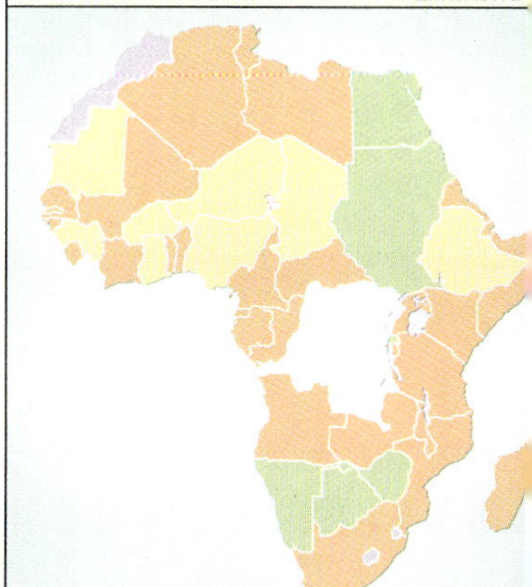

CLE » SUD-AFRICAIN

La démocratie comme culture

Si, dans la terminologie du politologue français Zaki Laïdi, la « démocratie comme procédure » s'impose déjà difficilement en Afrique (où, à la fin 2002, encore 21 des 53 chefs d'État exerçaient leur fonction depuis plus de quinze ans), la « démocratie comme culture » s'y enracine encore plus lentement. Liée à des conditions historiques d'émergence, telles que le niveau d'instruction de la population, l'existence d'une majorité suffisamment aisée pour être imposable et d'un appareil d'État capable d'administrer un territoire pacifié par une force armée légitime, la démocratie s'invente en Afrique au jour le jour. Elle y est une exigence du temps universel dans lequel vit un monde globalisé, qui ne saurait priver l'une de ses parties de la forme la plus éclairée de gouvernement, mais subit les contraintes d'un passé encore très présent. C'est vrai pour la persistance de « castes », voire de l'esclavage, pour le principe de la séniorité qui handicapent les jeunes et, le plus généralement, pour la division de travail entre hommes et femmes, rarement logés à la même enseigne. Nombre de corvées sont réservées aux femmes africaines, qui n'ont pas le même accès ni à l'éducation ni à la vie publique et, donc, politique. La fulgurante urbanisation a mis fin à certaines formes de discrimination sexuelle, mais en a instauré d'autres, comme la réclusion domiciliaire pour la garde des enfants, qui était inconnue au village.

> « ***Seul un État démocratique fondé sur la volonté de tous peut assurer à tous, sans distinction de race, de couleur, de sexe ou de croyance, les droits qui leur reviennent de par leur naissance.*** »
> **LA CHARTE DE LA LIBERTÉ DU CONGRÈS NATIONAL AFRICAIN (ANC), 26 JUIN 1955.**

ACTIVITÉS PRODUCTIVES DES HOMMES ET DES FEMMES

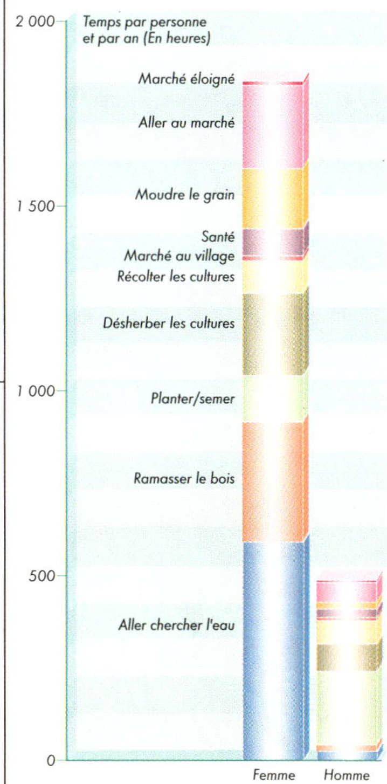

Source : FAO, *Agriculture, alimentation et nutrition en Afrique*, 2002. In S. Brunel, *L'Afrique*, Bréal, Paris, 2003.

LE LABYRINTHE DE LA DÉMOCRATISATION

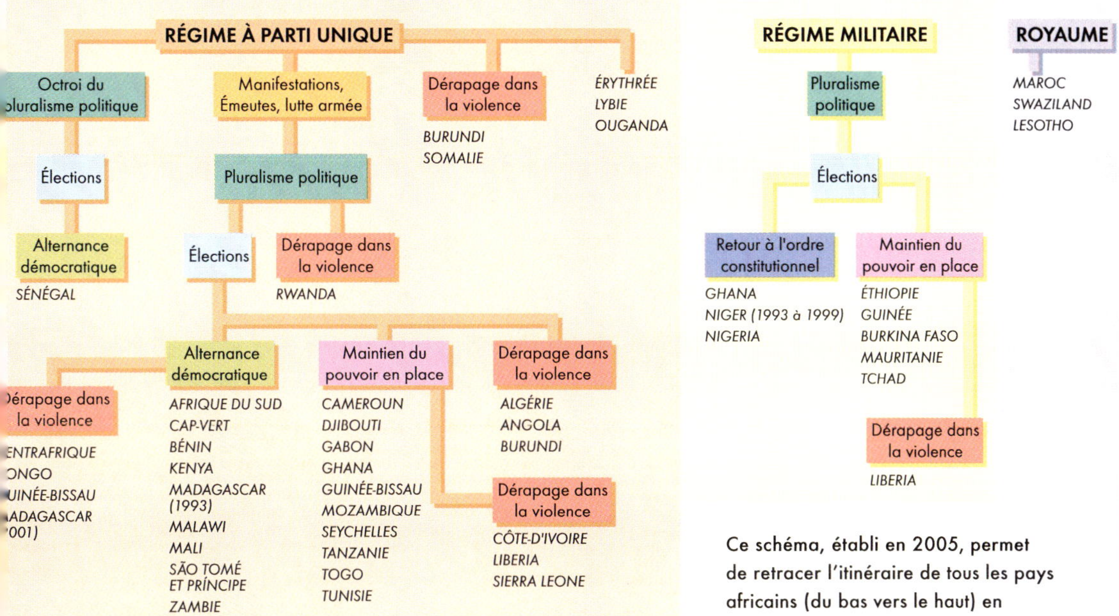

Ce schéma, établi en 2005, permet de retracer l'itinéraire de tous les pays africains (du bas vers le haut) en « remontant » le temps, à travers les différentes étapes, jusqu'au régime constitutionnel qui était le leur à la chute du mur de Berlin, en novembre 1989.

L'extermination en cent jours de près d'un million de Tutsis au Rwanda, d'avril à juillet 1994, constitue le premier génocide en terre africaine. En raison de son ampleur mais aussi de sa planification, cette « Shoah africaine » est un événement singulier. Cependant, fondée sur la manipulation politique de la conscience ethnique, la logique génocidaire est à l'œuvre dans de nombreux conflits de l'après-guerre froide à travers le continent. Du Soudan à l'Angola, en passant par la Somalie et le Congo-Kinshasa, leur bilan est de l'ordre des 8 millions de victimes de la Première Guerre mondiale.

La nouvelle barbarie

En février 1994, le journaliste américain Robert Kaplan a publié, dans *Atlantic Monthly*, un long article qui, deux mois plus tard, a paru prémonitoire : intitulé *The coming anarchy* («L'anarchie à venir»), il visait à démontrer «comment la pénurie, le crime, la surpopulation et des maladies» déréglaient la planète, provoquant un chaos meurtrier. Dès avril, le génocide au Rwanda semblait lui donner raison, d'autant qu'il survenait après d'autres conflits dits de «fragmentation nationale» au Soudan, en Angola, au Liberia, en Sierra Leone, au Burundi et en Somalie. La «nouvelle barbarie» annoncée paraissait ensuite advenir au Congo-Kinshasa, où, selon l'ONG International Rescue Committee, au moins 3,3 millions de civils sont morts du fait de la guerre entre 1997 et 2002 (soit davantage que pendant les quarante années de guerre froide dans toute l'Afrique), mais aussi au Congo-Brazzaville et en Côte d'Ivoire.

Cependant, cette thèse, qui réveille l'imaginaire colonial, fait illusion sur des guerres «propres» et les raisons pour lesquelles la pensée identitaire, souvent ethnique en Afrique, cherche l'ultime preuve d'existence dans la négation absolue de l'Autre qu'est le meurtre de masse. Privée de sa rente viagère, abandonnée à elle-même et à ses inextricables problèmes, une Afrique peuplée, pour moitié, de jeunes de moins de quinze ans offre aux plus forts, dans le massacre général, une raison de vivre paradoxale.

LES CONFLITS DANS L'AFRIQUE DE L'APRÈS-GUERRE FROID

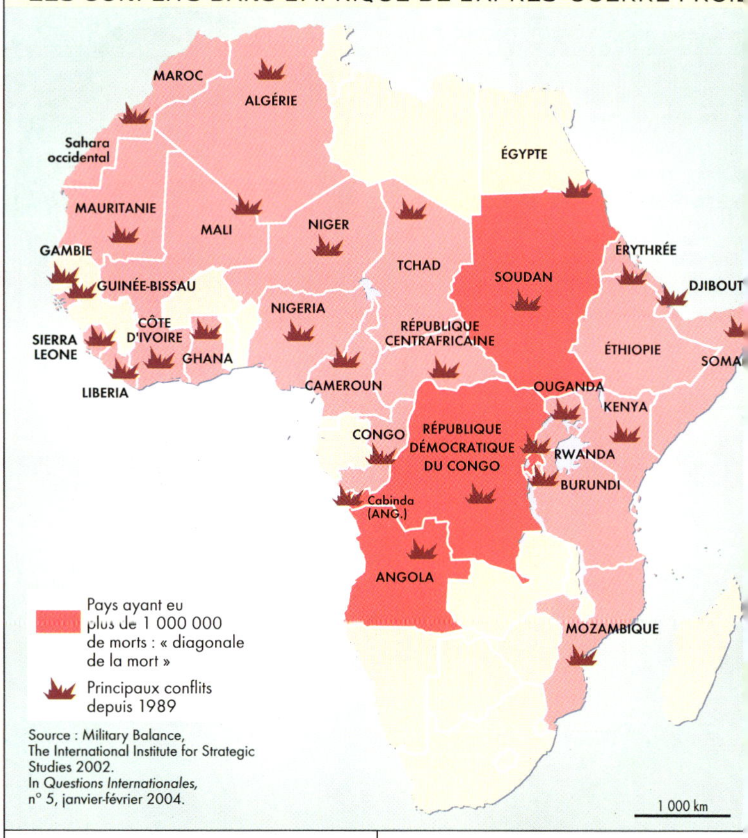

Source : Military Balance, The International Institute for Strategic Studies 2002.
In *Questions Internationales*, n° 5, janvier-février 2004.

> ***Celui qui était lancé la machette à la main, il n'écoutait plus rien. On allait et on revenait, sans croiser une idée. Nos bras commandaient nos têtes, en tout cas nos têtes ne disaient plus leur mot.***
> JOSEPH-DÉSIRÉ, DANS JEAN HATZFELD, *UNE SAISON DE MACHETTES. RÉCITS*, PARIS, LE SEUIL, 2003.

ET LA LOGIQUE GÉNOCIDAIRE

Crise des réfugiés hutus et guerre dans l'ex-Zaïre

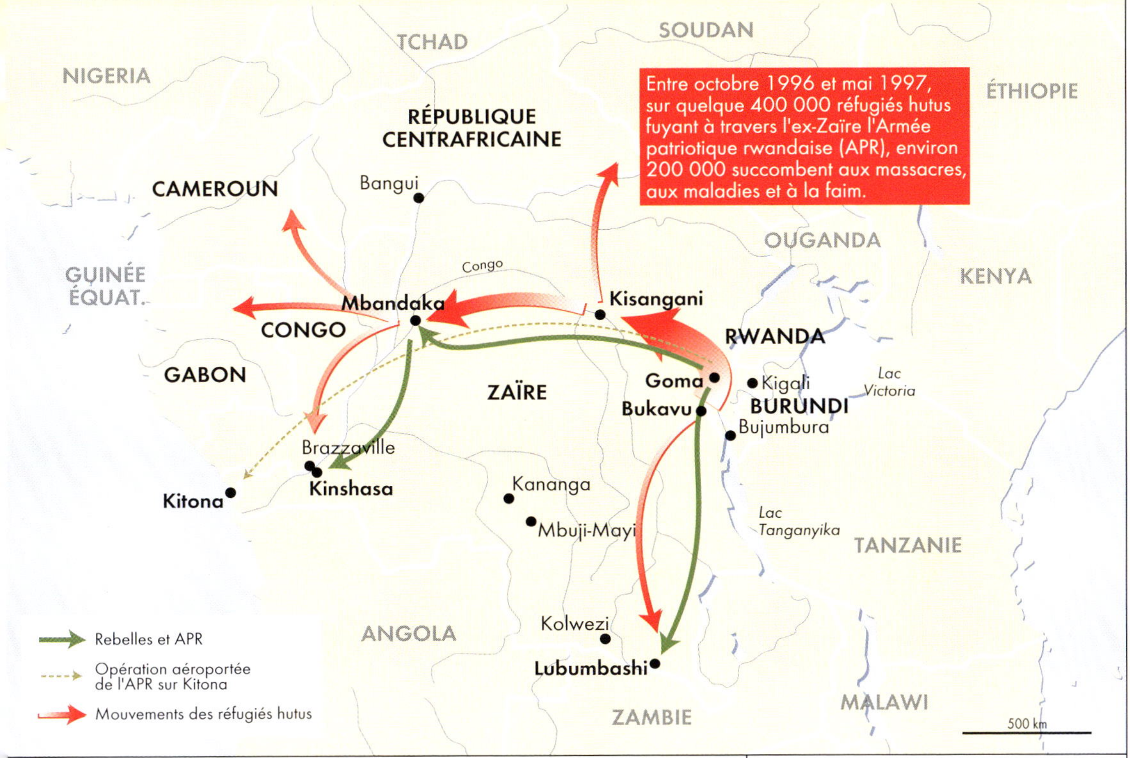

La logique génocidaire

De la même façon que l'appartenance confessionnelle recouvre des identités politiques en Irlande, l'appartenance ethnique peut recouper en Afrique l'adhésion à des partis ou à des leaders issus d'une communauté donnée. En fait, le simple soupçon suffit : c'est parce que les Laris du Pool, au sud de Brazzaville, étaient censés soutenir l'un des leurs, l'ancien premier ministre Bernard Kolelas, qu'ils ont été victimes d'exactions à grande échelle de la part des forces du président Sassou-N'guessou, revenu au pouvoir en octobre 1997, au sortir d'une guerre civile.
Selon la même logique meurtrière, menant la guerre au Congo-Kinshasa d'octobre 1996 à mai 1997, l'armée du Front patriotique rwandais (FPR), pourtant arrivée au pouvoir à Kigali en vainquant militairement le régime du président Juvénal Habyarimana, responsable du génocide des Tutsis, a pourchassé sur 1 800 km à travers l'ex-Zaïre des réfugiés hutus, dont environ 200 000 ont trouvé la mort selon Médecins sans frontières (MSF). Avant et après, des Tutsis congolais – les Banyamulengués et autres Banyarwandas (« gens du Rwanda ») – ont été ciblés par des extrémistes hutus dans la zone frontalière. La démocratisation de l'Afrique a ainsi enfermée le continent dans le « piège ethnique » (Jean-Pierre Chrétien). En juillet 2004, le Congrès américain a qualifié de « génocide » les violences infligées par des « miliciens arabes » aux « paysans noirs » du Darfour, la province occidentale du Soudan.

Le Rwanda, octobre 1996

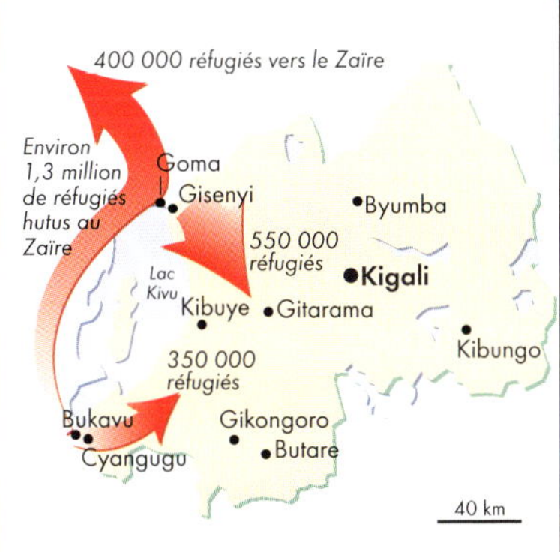

L'Afrique est le royaume du « faux ». Aucun document, aucun titre, aucun produit, pas même un médicament, n'échappe au doute sur son authenticité – ce qui rend d'ailleurs le « vrai » inutile. Dans un univers de misère et de vénalité, tous les trafics fleurissent, avec le monde extérieur aussi, de la revente de voitures volées en Europe au trafic de drogue auquel le continent sert de relais entre les cartels latino-américains et le croissant d'or asiatique. Hors tutelle depuis la fin de la guerre froide, l'Afrique est en voie d'insertion accélérée dans les grands circuits de la criminalité mondiale.

LE MARCHÉ MONDIAL DE LA DROGUE

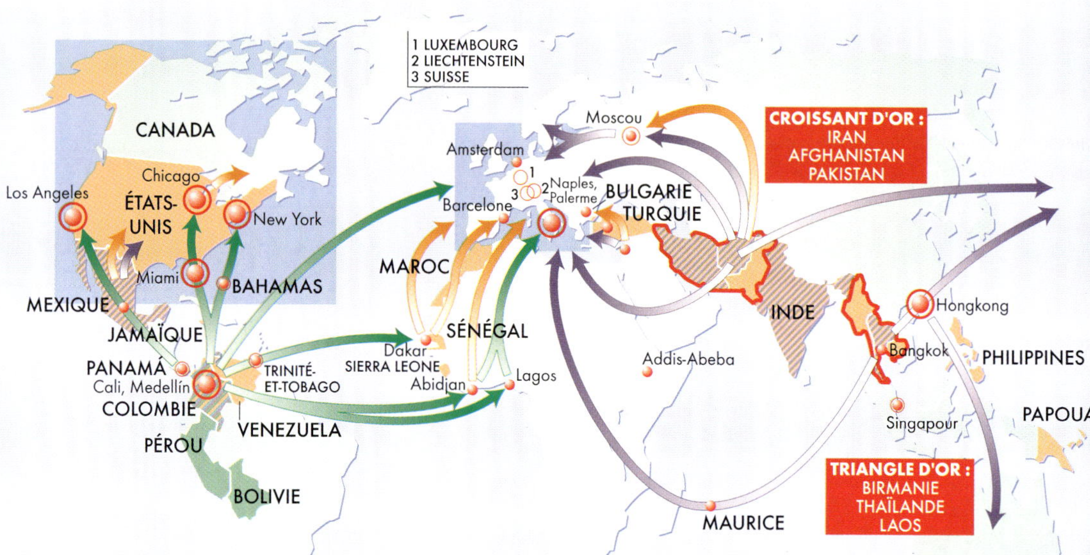

Source : *Atlas géopolitique et culturel du Petit Robert des noms propres*, Dictionnaire Le Robert, Paris, 2002.

Principaux marchés

Pays de production et courant d'exportation

- Coca (cocaïne)
- Pavot (héroïne)
- Canabis (Marijuana, haschisch)

Centres névralgiques du trafic

- Capitales de la drogue : villes d'implantation des grandes mafias, offrant la gamme complète des opérations liées au trafic international de la drogue (organisation des réseaux, marchés de gros, distribution, blanchiment).
- Plaques tournantes et centres de transit : villes ou pays dans lesquels existent des réseaux organisés, assurant la réception et la réexpédition de la drogue et gérant les grands circuits de la distribution en g
- Blanchiment de l'argent : villes ou pays disposant d'une puissante organisation financière permettant le blanchiment.

L'insertion dans le trafic de drogues

Au lendemain des indépendances, en matière de stupéfiants, l'Afrique n'était concernée que par l'autoconsommation traditionnelle de drogues douces, dont le cannabis, appelé *kif* au Maroc, qui était la plaque tournante d'un trafic régional au même titre que quelques pays ouest-africains où cette culture avait été introduite par des soldats ghanéens et nigérians ayant combattu dans les rangs des troupes britanniques en Asie pendant la Seconde Guerre mondiale.

Depuis, cette situation a évolué. Le royaume chérifien, dont la Régie des tabacs et du kif exportait du temps du Protectorat français en toute légalité, jusqu'en 1932, entre 500 et 1 000 tonnes de kif, alimentait, en 2003, un trafic estimé à 3 100 tonnes, produites sur 60 000 hectares dans le Rif, où 5 millions d'habitants vivaient de la culture du cannabis, d'une valeur marchande de 12 milliards de dollars. En même temps, selon la Drug Enforcement Administration (DEA) américaine, les réseaux marocains de vente d haschisch en Europe s'étaient diversifié dans le trafic, plus rémunérateur, de l'h roïne et de la cocaïne, désormais consor mées par la jeunesse urbaine au Maroc. Deux autres pôles de trafic de drogue dures ont émergé : le Nigeria, dont le succursales de transit et de réexportatio prolifèrent depuis la fin des années 198 tout le long du golfe de Guinée, jusqu' Dakar, et l'Afrique du Sud. Le Cap est de venu à la fois un haut lieu de consomma

TION

Trafics et guerre dans l'est du Congo

Avant la fin de la guerre froide, dans une littérature sur le développement empreinte de romantisme anti-étatique, l'économie informelle était citée en exemple de l'ingéniosité, de la débrouillardise de l'Afrique. Avec la prolifération des conflits dits déstructurés, elle est perçue comme l'antichambre d'une violence effrayante et, aussi, comme l'une des raisons de l'effondrement de l'État africain auquel, dans les pays les plus démunis, jusqu'à 70 % du PIB échappent parce que leur production, souterraine, est soustraite à son pouvoir régulateur et fiscal.

Les rapports entre trafics, État et guerre sont particulièrement prégnants dans l'est de la République démocratique du Congo. Ses provinces limitrophes du Soudan, de l'Ouganda, du Rwanda, du Burundi et de la Tanzanie avaient déjà, du temps de l'ex-Zaïre, manifesté un tropisme commercial en direction de l'Afrique de l'Est (pour des raisons de désenclavement logistique mais aussi du fait d'une langue de commerce partagée, le swahili). Mais c'est l'effondrement de l'État pendant la longue fin de règne du maréchal Mobutu, entre 1990 et 1997, qui a coupé les provinces orientales de la capitale Kinshasa et intensifié l'exportation – licite ou illicite – de leurs produits dans les pays voisins. Or, ce sont ceux-ci qui, en octobre 1996, ont formé, derrière le paravent d'une rébellion confiée à Laurent-Désiré Kabila, une coalition militaire pour le renversement du dictateur zaïrois. Cette intervention n'était pas désintéressée : sa contrepartie était l'annexion de l'est du pays envahi et l'exploitation prédatrice de ses richesses, dénoncée dans une série de rapports d'enquête des Nations unies. Lorsque, arrivé au pouvoir à Kinshasa, Laurent-Désiré Kabila s'est opposé au « retour sur investissement » exigé par ses anciens alliés, une nouvelle guerre, d'août 1997 à mai 2002, a eu pour enjeu l'intégrité territoriale du Congo, préservée de droit mais toujours violée de fait.

Les « diamants du sang »

Le diamant africain, dont le trafic a alimenté guerres et rébellions en Angola, en Centrafrique, dans les deux Congo, au Liberia et en Sierra Leone, doit retrouver les voies d'acheminement légales de la mine à la joaillerie. C'est le but du « processus de Kimberley », lancé en 2000 avec l'appui de l'ONU. Une quarantaine de pays ont instauré un certificat d'origine pour empêcher le commerce des « diamants du sang ».

> ***On peut également envisager que la participation de l'Afrique à des flux financiers ou commerciaux illicites favorise* in fine *sa croissance et son insertion dans l'économie mondiale.***
>
> **JEAN-FRANÇOIS BAYART, *LA CRIMINALISATION DE L'ÉTAT EN AFRIQUE*, BRUXELLES, COMPLEXE, 1997.**

LE COMMERCE DE MARCHANDISES NON OFFICIELLES

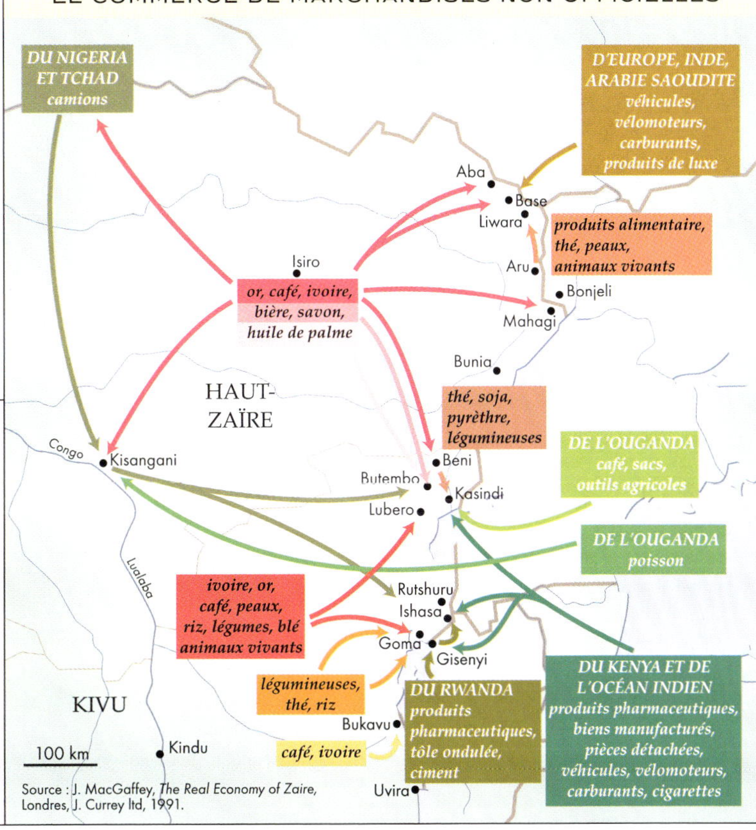

Source : J. MacGaffey, *The Real Economy of Zaire*, Londres, J. Currey ltd, 1991.

ion vacancière, notamment pour la communauté gay, et un important relais du trafic vers l'Europe et l'Asie. Cette insertion est favorisée par les faibles moyens de contrôle des ports et aéroports sur le continent, et par la facilité de corrompre des agents de l'État mal rémunérés, voire impayés. La misère et la désorganisation de l'Afrique explique aussi un nouveau mode de consommation, en plein essor, de toute sorte de drogues : la toxicomanie de guerre.

LA PRESSION MIGRATOIRE

Depuis la fin de la guerre froide, l'Afrique est appréhendée davantage par son pouvoir de nuisance que par les opportunités qu'elle offre au monde extérieur. Parmi les menaces émanant du continent, outre les risques sanitaires et écologiques, les flux migratoires figurent en premier lieu. Or, la « mobilité sous contrainte » de l'Afrique, qui compte environ 40 millions de migrants, s'exerce essentiellement à l'intérieur du continent, par exemple vers des pays comme la Côte d'Ivoire, qui compte quatre fois plus d'immigrés que la France.

LES FLUX DE RÉFUGIÉS ORIGINAIRES DES PAYS D'AFRIQUE

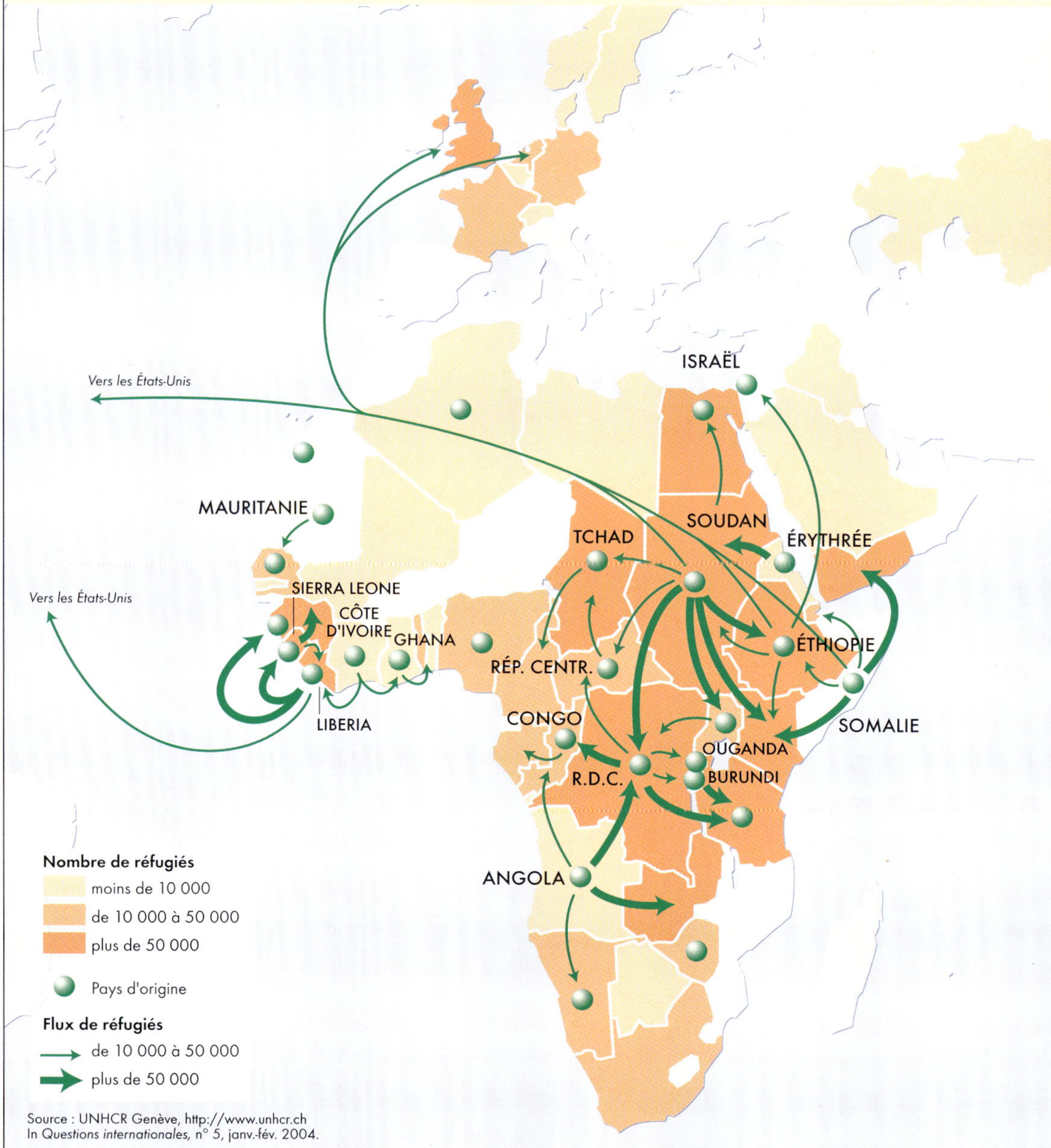

Source : UNHCR Genève, http://www.unhcr.ch
In *Questions internationales*, n° 5, janv.-fév. 2004.

LE MAROC, LE MALI ET LE SÉNÉGAL

DONNÉES DÉMOGRAPHIQUES ET FINANCIÈRES DES PRINCIPALES COMMUNAUTÉS MIGRANTES PRÉSENTES EN FRANCE

	Montant des transferts reçus	% du PIB en 2001	% APD totale reçue en 2001	Nombre d'immigrés en France et dans les principaux pays de l'OCDE ou de l'Afrique
MAROC	1,9 milliards (1999)			522 100 (France, 1999)
	2,3 milliards (2000)			199 800 (Espagne) 159 600 (Italie)
	3,6 milliards (2001)	10,90 %	700 %	111 400 (Pays-Bas)
MALI	112,11 millions (1995)			35 978 (France, 1999)
	84,41 millions (1999)	3,50 %	24 %	407 000 (Afrique de l'Ouest, 1990)
SÉNÉGAL	90,83 millions (1995)			53 869 (France, 1999)
	92,78 millions (1999)			39 000 (Italie, 1999) 11 500 (Espagne, 1999)
	130,00 millions (2000)	3 %	31 %	269 650 (Principaux pays d'Afrique, 1997)

Source : Office des changes marocains 2002/ Banque mondiale 2000/ Organisation internationale pour l'immigration, rapport annuel 2002, in Rapport *migration et phénomènes migratoires*, novembre 2003.

Les flux intra-africains

La pression migratoire que l'Afrique exerce sur l'Europe se traduit dans une actualité dramatique et récurrente : la découverte d'enfants morts dans les trains d'atterrissage d'avions en provenance du continent, les naufrages en Méditerranée des *boat people* partis du nord du Maroc, pour traverser le détroit de Gibraltar, ou des côtes libyennes, pour atteindre l'île italienne de Lampedusa. Mais ce n'est qu'une très faible fraction des masses migratoires – des réfugiés ou des migrants à la recherche d'une vie meilleure – qui est prise en compte à travers ces tentatives désespérées. En fait, la pression s'exerce par paliers, en fonction de la proximité de havres de paix ou de prospérité. Le Kenya absorbe ainsi des flots de réfugiés de la Somalie et du Soudan. Pour sa part, destination d'une migration économique de longue durée, la Côte d'Ivoire a recensé, en 1998, 26 % d'immigrés, se partageant avec l'Australie le taux record du monde.

L'importance des rétrotransferts

Dans les années 1960, en raison de l'embauche massive d'ouvriers spécialisés par les grandes entreprises, un nombre important de Marocains se sont installés en France (où, dans les années 1930, ne vivaient guère plus de 100 000 immigrés nord-africains). Très attachée à son pays d'origine, la communauté marocaine expatriée – également importante en Espagne – a contribué en 2001, grâce aux montants transférés dans leur patrie, pour plus de 10 % au PIB du royaume, soit sept fois plus que l'apport de l'aide publique au développement. Pour leur part, les Maliens et les Sénégalais installés en France ont aussi contribué, de façon substantielle, à la richesse de leur pays. Ayant pris conscience de l'enjeu de ces rétrotransferts, les autorités locales tentent de favoriser, grâce à des incitations fiscales, des investissements productifs plutôt que des projets d'ostentation sociale (notamment dans le logement).

LES TRANSFERTS DE 1975 À 2000

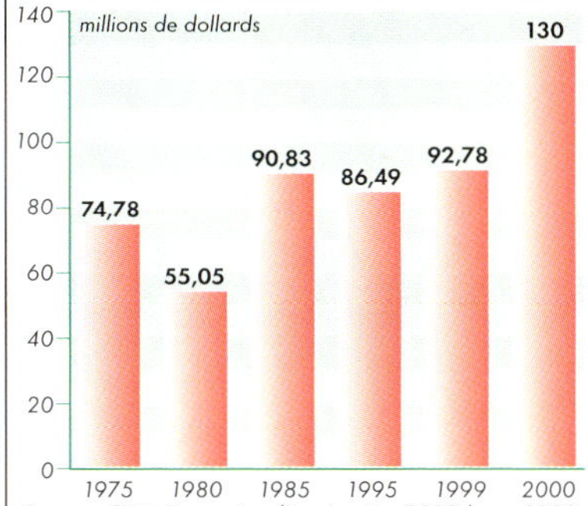

Source : OIM, Rapport sur l'immigration 2002 (pour 2000 source ONU rapport 2002). In *Rapport migration et phénomènes migratoires*, novembre 2003.

L'EXEMPLE DU SÉNÉGAL

Après le Ghana et le Nigeria, le Sénégal est le troisième pourvoyeur de l'émigration ouest-africaine vers l'Europe, qui représente la moitié des flux entre les deux continents. En 1998, le montant annuel moyen des transferts au pays d'origine des immigrés sénégalais en France correspondait à 13,5 % de leur salaire. Pour le Sénégal, cette source de devises égalait, en 2001, près d'un tiers de l'aide publique au développement reçue par les bailleurs de fonds.

> « *La mobilité des populations apparaît comme une constante de l'histoire africaine. Toutes les formes de mobilité, volontaire ou forcée, pacifique ou violente, se superposent dans le présent comme dans le passé.* »
>
> ROLAND POURTIER, *AFRIQUES NOIRES*, PARIS, HACHETTE, 2001.

La fuite des cerveaux

Dans le débat sur l'immigration africaine, l'arrivée en Occident d'un grand nombre de cadres – environ 20 000 par an – est rarement prise en considération. Or, le départ de tous ces médecins, informaticiens et ingénieurs, sans parler des mannequins et vedettes du sport – à commencer par le football – qui n'ont pas de problèmes de visa ni de naturalisation, constitue une perte sociale et économique considérable pour l'Afrique. Un chercheur africain sur trois s'installe, à la fin de sa formation, dans un pays occidental. Et l'hémorragie n'est pas seulement le lot des pays les plus pauvres : en Afrique du Sud, un quart des médecins diplômés entre 1990 et 1999 est parti à l'étranger. Cette tendance n'est pas près de s'infléchir si, à l'instar des recommandations d'octobre 2003 du Conseil économique et social en France, d'autres pays occidentaux augmentent aussi leur quota d'immigration « qualifiée » pour compenser le départ à la retraite des *baby-boomers* à partir de 2005-2006.

L'ONU ET LES ORGANISATIONS HUM

En 1991, au sortir de la guerre froide, le président George Bush – père – avait proclamé l'avènement d'un « nouvel ordre mondial ». Pour l'Afrique, après la débâcle américaine en Somalie, ce nouvel ordre a été marqué par son abandon à l'ONU et aux organisations humanitaires, en raison du désengagement des anciennes puissances tutélaires, dont la France. Depuis les attentats terroristes du 11 septembre 2001, l'émergence d'une nouvelle matrice géopolitique change la donne, comme pour le reste du monde, aussi pour l'Afrique, le continent le moins important du point de vue stratégique.

LES OPÉRATIONS DE MAINTIEN DE LA PAIX DE L'ONU

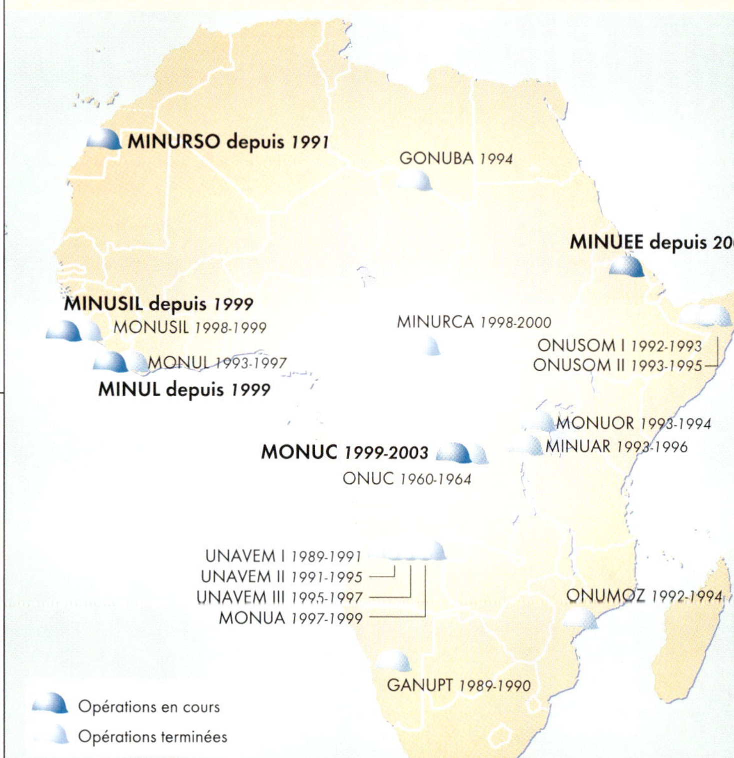

Source : http://www.un.org
Questions internationales, n° 5, janvier-février 2004.

Le transfert du fardeau

En 2004, les Nations unies ont consacré les trois quarts du budget pour le maintien de la paix dans le monde à des interventions en Afrique, soit la même proportion de son temps de délibérations que le Conseil de sécurité voue aux problèmes africains. C'est dire le poids – disproportionné au regard de sa marginalité politique et économique – que le continent représente pour le système onusien, alors que l'Afrique est déjà le principal bénéficiaire des organismes spécialisés de l'ONU, tels que le Haut Commissariat pour les réfugiés (HCR), le Programme alimentaire mondial (PAM), l'Organisation mondiale de la santé (OMS), etc.

Depuis la fin de la guerre froide, les Nations unies se sont substituées, par défaut, aux anciennes puissances tutélaires de l'Afrique. En Angola, dès 1989, l'ONU a cherché une issue à une guerre civile surdéterminée par la rivalité Est-Ouest. En 1993, elle a pris le relais des États-Unis en Somalie et, la même année, de la France au Rwanda, à sept mois du génocide des Tutsis qu'elle n'a pas pu empêcher. Au Liberia, les Nations unies ont suppléé à une intervention américaine, tandis que la Grande-Bretagne, ex-colonisateur de la Sierra Leone, y a sauvé les casques bleus d'une déroute humiliante, en 2000. Excepté la France, pour une mission ponctuelle « européenne » dans l'Ituri, l'été 2003, aucune puissance n'a voulu s'engager dans la pacification du Congo-Kinshasa. En février 2003, enlisé dans la crise ivoirienne, Paris a également fait appel aux soldats de la paix de l'ONU.

> ***La lecture de l'abondante littérature sur les opérations de paix surprend par le peu d'attention généralement accordée à la façon dont ces missions sont vécues par les différentes composantes des sociétés concernées.***
>
> **BÉATRICE POULIGNY, *ILS NOUS AVAIENT PROMIS LA PAIX*, PRESSES DE SIENCES PO, 2004.**

NITAIRES

LES DIFFÉRENTES FORCES DE L'ONU

Opérations en cours en mars 2005

Minurso. Mission des Nations unies pour l'organisation d'un référendum au Sahara occidental
Minusil. Mission des Nations unies en Sierra Leone
Monuc. Mission de l'Organisation des Nations unies en République démocratique du Congo
Minul. Mission des Nations unies au Liberia
Minuee. Mission des Nations unies en Éthiopie et en Érythrée

Opérations terminées

Onuc. Opération des Nations unies au Congo
Unavem I. Mission de vérification des Nations unies en Angola I
Ganupt. Groupe d'assistance des Nations unies pour la période de transition (en Namibie et en Angola)
Unavem II. Mission de vérification des Nations unies en Angola II
Onumoz. Opération des Nations unies au Mozambique
Onusom I. Opération des Nations unies en Somalie I
Monul. Mission d'observation des Nations unies au Liberia
Minuar. Mission des Nations unies pour l'assistance au Rwanda
Monuor. Mission d'observation des Nations unies en Ouganda et au Rwanda
Onusom II. Opération des Nations unies en Somalie II
Gonuba. Groupe d'observateurs des Nations unies dans la bande d'Aozou (République du Tchad)
Unavem III. Mission de vérification des Nations unies en Angola III
Monua. Mission d'observation des Nations unies en Angola
Minurca. Mission des Nations unies en République centrafricaine
Monusil. Mission d'observation des Nations unies en Sierra Leone

LES RESSOURCES DES ONG

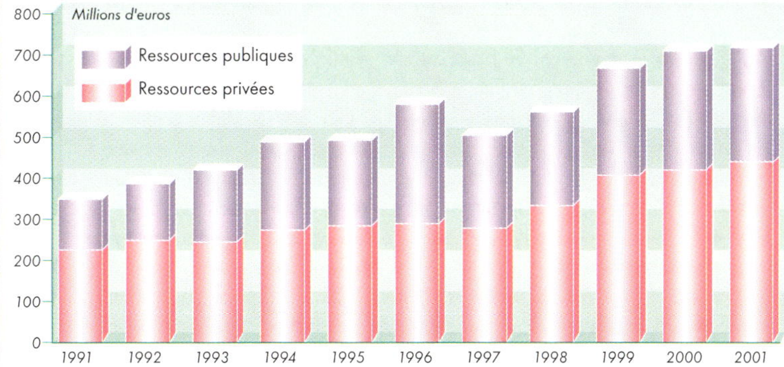

Source : CDD, *Argent et organisation de solidarité internationale 2000/2001*, Paris, décembre 2003.

L'âge d'or humanitaire

La chute du mur de Berlin a inauguré l'âge d'or humanitaire en Afrique. Les ressources des organisations non-gouvernementales (ONG) françaises ont ainsi plus que doublé dans les années 1990, leurs subventions publiques ayant même augmenté de 128 %. Encore que cette moyenne masque des disparités : à titre d'exemple, entre 1989 et 1999, Action contre la faim (ACF) a presque décuplé son budget, qui est passé de 38 millions à 334 millions de francs, en portant la part des fonds publics à 75 %. À l'échelle mondiale, au moment où l'aide publique au développement et le nombre des coopérants perdaient près d'un tiers de leur importance antérieure, le budget cumulé des ONG internationales atteignait le niveau record de 50 milliards de dollars. Seulement, eu égard à l'ampleur des subsides d'État, ni la « diplomatie d'ambulance » ni le « droit d'ingérence » – voté, à l'initiative de la France, le 14 décembre 1990, par l'Assemblée générale de l'ONU – n'étaient plus « non gouvernementaux ». Les associations caritatives mettaient plutôt en œuvre une « politique de la pitié », surtout pour l'Afrique.
Pour les ONG françaises, la répartition de leurs ressources publiques internationales, d'une part, et, d'autre part, la répartition sectorielle de leurs activités de terrain reflètent cette réalité. Aux deux tiers dépendantes de l'Union européenne pour leurs financements publics extérieurs, beaucoup d'entre elles ont assumé le rôle de brancardiers d'un ordre défaillant en Afrique en accordant une importance primordiale à l'aide d'urgence, en moyenne trois fois plus élevée que les fonds d'aide à la santé et à la nutrition, ou à l'éducation et à la formation. Si les drames du continent africain ne leur ont guère laissé le choix, la part importante des dépenses restées inexpliquées – près de la moitié – expose les ONG au soupçon de n'avoir que faiblement dénoncé l'inaction de la communauté internationale, parce que cette inaction leur a été d'autant plus profitable que leurs bailleurs de fonds les dispensaient de transparence comptable.

RÉPARTITION DE L'AIDE

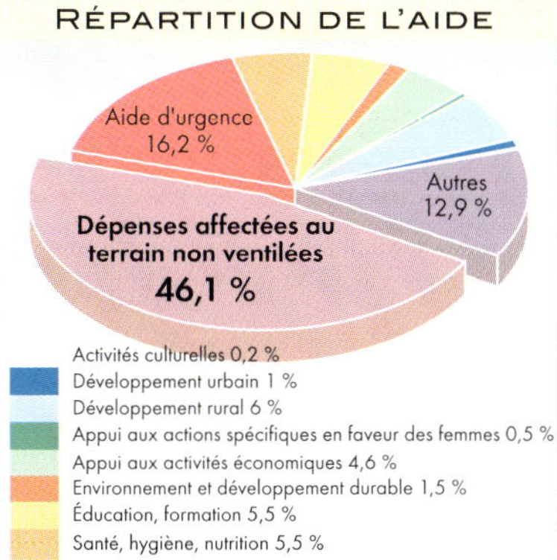

Source : CDD, *Argent et organisation de solidarité internationale 2000/2001*, Paris, décembre 2003.

FONDS PUBLICS DES ONG

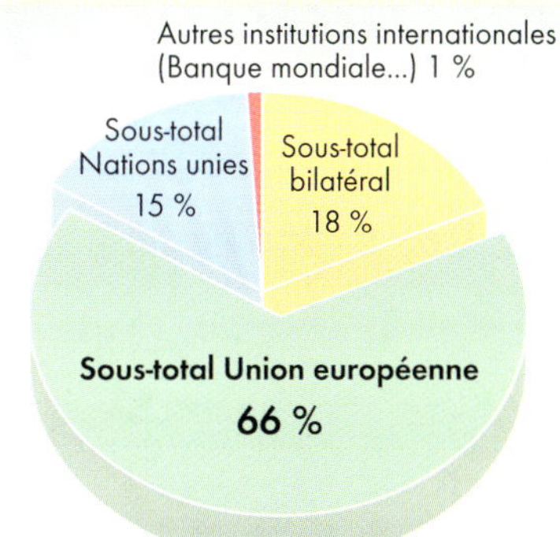

Source : CDD, *Argent et organisation de solidarité internationale 2000/2001*, Paris, décembre 2003.

L'INSERTION (ANTI-) TERRORISTE

L'Afrique n'est pas à l'écart du nouveau monde et de son (dés)ordre, qui émerge à la suite des attentats terroristes du 11 septembre 2001 à New York et à Washington. Le continent a même servi de théâtre à la première bataille de la « guerre civilisationnelle » déclenchée par al-Qaïda, le réseau d'Oussama Ben Laden qui a commis, en août 1998, le double attentat contre les ambassades américaines à Nairobi et à Dar es-Salaam. Dorénavant, la maîtrise de l'espace africain hors contrôle, et donc propice à servir de sanctuaire à des entreprises terroristes, est un enjeu géopolitique.

LES PRINCIPAUX ATTENTATS DANS LE MONDE

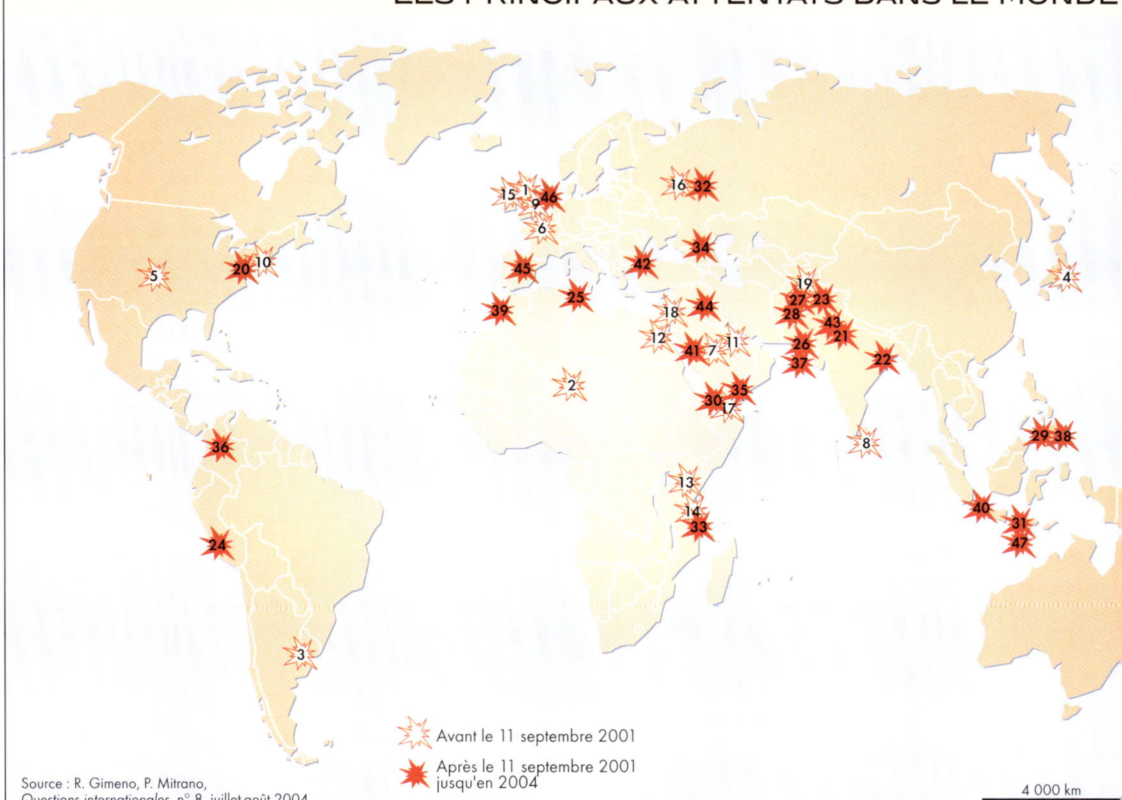

Source : R. Gimeno, P. Mitrano, *Questions internationales*, n° 8, juillet-août 2004.

L'Afrique, théâtre de la lutte (anti)terroriste

Le continent au sud de l'Europe et sur le flanc occidental de la péninsule Arabique a connu une « nette augmentation de son importance stratégique » depuis que l'Amérique est entrée en guerre contre le terrorisme. Le général Charles Wald, membre de l'état-major du commandement Europe (Eucom) de l'armée américaine dont la responsabilité opérationnelle s'étend à une grande partie de l'Afrique, a émis cette appréciation le 29 février 2004, en expliquant que des terroristes de la mouvance al-Qaïda viseraient à s'établir « dans la partie nord de l'Afrique – à la fois au Sahel et au Maghreb – et dans la Corne. Ils chercheraient un lieu sûr comme en Afghanistan ou en Irak et ont besoin d'un havre pour s'équiper, s'organiser et recruter ».

En raison de cette menace perçue, Washington a implanté près de 2 000 soldats à Djibouti, pour couvrir la Corne de l'Afrique, la mer Rouge et le Yémen. Ce contingent fait partie d'une « *task force*

> « *Nous sommes entrés en guerre contre les terroristes, et nous en avons payé le prix de sang, bien avant les Américains.* »
>
> ABDELAZIZ BOUTEFLIKA, PRÉSIDENT DE L'ALGÉRIE, DISCOURS RADIO-TÉLÉVISÉ DU 14 JANVIER 2002.

1 Lockerbie 21.12.1988
2 Niger (DC10 UTA) 13.9.1989
3 Buenos Aires 18.7.1994
4 Tokyo 20.3.1995
5 Oklahoma City 19.4.1995
6 Paris 25.7 et 17.10.1995
7 Riyad 13.11.1995
8 Colombo 31.1.1996 et 24.7.2001
9 Londres 9.2.1996
10 New York 16.2.1996
11 Dhahran 25.6.1996
12 Louxor 17.11.1997
13 Nairobi 7.8.1998
14 Dar-es-Salaam 7.8.1998
15 Irlande du Nord 15.8.1998
16 Moscou 13.9.1999
17 Aden 12.10.2000
18 Israël depuis 11.2000
19 Nord de l'Afghanistan 9.9.2001
20 New York, Washington et Pennsylvanie 11.9.2001
21 New Delhi 13.12.2001
22 Calcutta 22.1.2002
23 Islamabad 17.3.2002
24 Lima 20.3.2002
25 Djerba 11.4.2002
26 Karachi 8.5. et 14.6.2002
27 Kaboul 25.8 et 5.9.2002
28 Kandahar 6.9.2002
29 Zamboanga 2.10.2002
30 Côte Yéménite 6.10.2002
31 Bali 12.10.2002
32 Moscou 23.10.2002 et 06.02.2004
33 Mombasa 28.11.2002
34 Groznyï 17.12.2002
35 Jibla 30.12.2002
36 Bogotá 7.2.2003
37 Karachi 23.2.2003
38 Davao 4.3.2003
39 Casablanca 16.5.2003
40 Jakarta 5.8.2003
41 Riyad 12.5 et 8.11.2003
42 Istambul 15.11 et 20.11.2003
43 Rawalpindi 14.12 et 25.12.2003
44 Irak 2.3.2004
45 Madrid 11.3.2004
46 Londres 7.7.2005
47 Bali 1er.10.2005

LE NOMBRE DES VICTIMES D'ATTENTATS

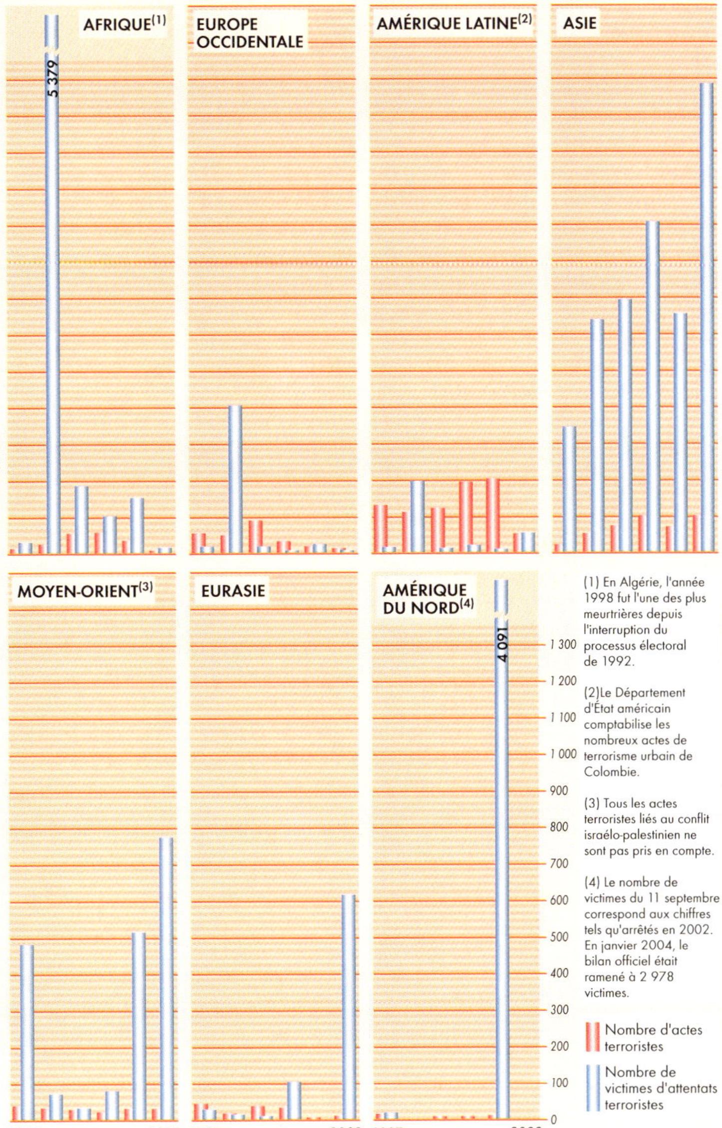

(1) En Algérie, l'année 1998 fut l'une des plus meurtrières depuis l'interruption du processus électoral de 1992.

(2) Le Département d'État américain comptabilise les nombreux actes de terrorisme urbain de Colombie.

(3) Tous les actes terroristes liés au conflit israélo-palestinien ne sont pas pris en compte.

(4) Le nombre de victimes du 11 septembre correspond aux chiffres tels qu'arrêtés en 2002. En janvier 2004, le bilan officiel était ramené à 2 978 victimes.

Source : Rapport *Patterns of Global Terrorism 2002*. http//www.state.gov/documents/organization/20125.pdf
In *Questions Internationales*, n° 8, juillet-août 2004.

combinée », créée en juin 2002 et qui rassemble, sous la houlette des États-Unis, neuf pays (Djibouti, Érythrée, Éthiopie, Soudan, Kenya, Tanzanie, Ouganda, Somalie, Yémen). « Des terroristes ont besoin de sanctuaires », a déclaré, en août 2004, le commandant en chef de cette *task force*, le général de brigade Samuel Helland. « Ils sont à la recherche d'endroits où règnent le chaos et l'illégalité, où il ne s'exerce pas de contrôle par le gouvernement. »

L'un de ces endroits est le Sahel ; en fait, toutes les marges incontrôlées du désert qui barre le continent. Aussi, les États-Unis ont-ils lancé, fin 2002, l'initiative « Pan-Sahel » pour, là encore avec huit pays concernés (Algérie, Mali, Maroc, Mauritanie, Niger, Sénégal, Tchad, Tunisie), assurer « la protection des frontières, le suivi des mouvements de personnes, la lutte contre le terrorisme et la coopération régionale ». D'un budget initial de 7 millions de dollars, cette initiative devait être ensuite financée à hauteur de 25 millions de dollars par an. Elle prévoit l'aménagement de bases avancées, de simples plates-formes destinées à accueillir des hélicoptères et quelques dizaines d'hommes des forces spéciales, pour des opérations ponctuelles. En revanche, afin de sécuriser leur approvisionnement pétrolier depuis le golfe de Guinée, une vraie base permanente américaine était en construction, fin 2004, à São Tomé et Príncipe.

LE PÉTROLE

Après une éclipse d'une dizaine d'années, l'adjectif « stratégique » est de retour au moins pour une richesse du sous-sol africain, le pétrole. En 2004, le continent en recelait 90 milliards de barils de réserves prouvées, dont près de la moitié en Libye (29,5) et en Algérie (11,3). C'était moins que les réserves de l'Irak (112) ou de l'Arabie saoudite (29,5), mais la production africaine a augmenté depuis les années 1990 de 40 %, le double de la moyenne mondiale. Aussi l'Afrique pétrolière est-elle devenue un enjeu convoité pas seulement par l'Occident mais aussi, notamment, par la Chine.

L'autre golfe pétrolier

Dès janvier 2002, quelques semaines seulement après les attentats contre le World Trade Center et le Pentagone, le secrétaire d'État adjoint pour les affaires africaines, alors Walter Kansteiner, a fait savoir que, pour les États-Unis, le pétrole africain relevait dorénavant de leur « intérêt stratégique national ». En 2003, le brut extrait en Afrique représentait 14,5 % de l'approvisionnement des États-Unis, qui importaient plus de la moitié (56 %) du pétrole qu'ils consommaient. L'apport africain à la sécurité énergétique de l'Amérique équivalait ainsi à celui de l'Arabie saoudite, et la moitié de l'apport assuré par toute la péninsule Arabique (30 %). Or, en 2015, les États-Unis comptent couvrir 25 % de leurs besoins à partir de l'Afrique et, en particulier, à partir du golfe de Guinée – principalement depuis le Nigeria et l'Angola – où l'extraction d'un brut très léger, facile à raffiner, s'opère *off shore*, à l'abri d'aléas politiques, par

L'ÉVOLUTION PRÉVISIONNELLE DE LA PRODUCTION DE PÉTROLE

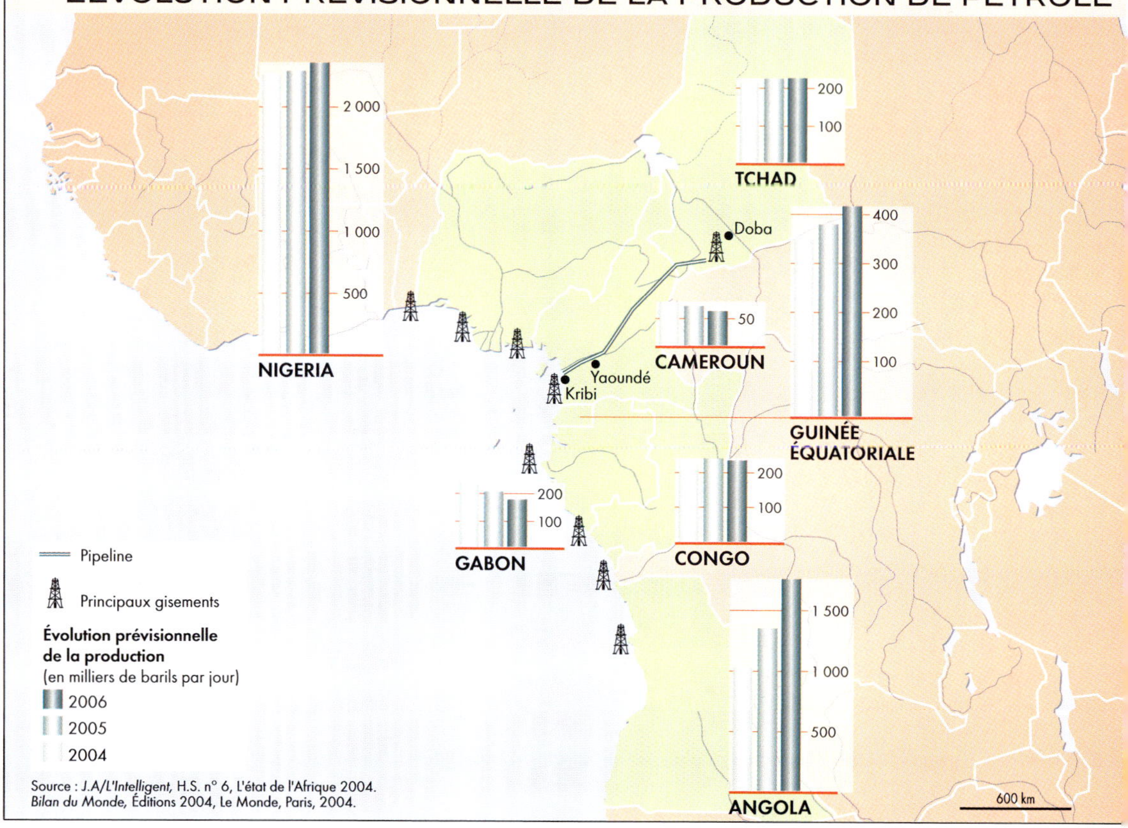

Source : J.A/*L'Intelligent*, H.S. n° 6, L'état de l'Afrique 2004. *Bilan du Monde*, Éditions 2004, Le Monde, Paris, 2004.

LA RÉPARTITION MONDIALE DE LA PRODUCTION DE BRUT

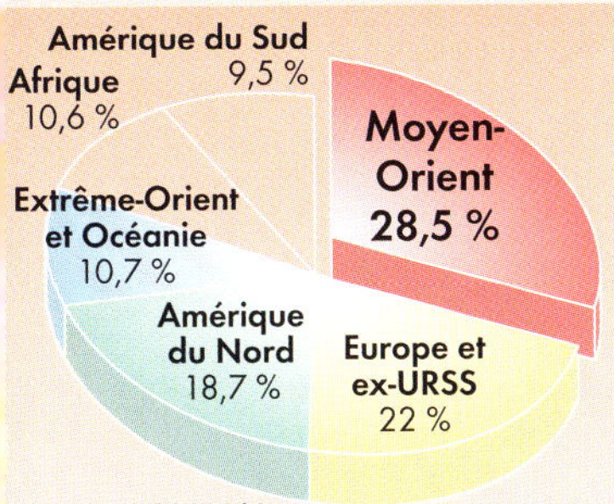

TOTAL MONDIAL :
74 millions de barils/jour

Source : BP 2002. In *J.A/L'Intelligent*, H.S. n° 6, L'état de l'Afrique 2004.

Un contrepoids à l'OPEP

En 2002, l'Afrique comptait pour près de 11 % de la production mondiale de brut, un peu plus du tiers du pétrole extrait au Moyen-Orient. Celui-ci reste l'enjeu de toutes les batailles pour la sécurité énergétique, puisque détenteur de 79 % des réserves prouvées et, en prolongeant les tendances actuelles, en 2030 le fournisseur des deux tiers du brut vendu sur le marché mondial. Toutefois, l'Afrique est un contrepoids important : entre 1999 et 2004, les découvertes de nouveaux gisements y ont dépassé celles de toutes les autres régions du monde et le continent devrait augmenter sa production de 57 % entre 2004 et 2009. En 2004, la renonciation aux armes de destruction massive par le colonel Kadhafi et la fin des sanctions imposées à la Libye ont ouvert de nouvelles perspectives d'approvisionnement aux pays occidentaux. Le climat d'investissement, par l'offre de *joint venture* avec la société nationale d'hydrocarbures, s'était aussi grandement amélioré en Algérie.

des États dont la plupart ne sont pas membres de l'OPEP (Organisation des pays exportateurs de pétrole).
Avec la montée en puissance du nouvel eldorado qu'est la Guinée équatoriale, les prévisions de production de cet « autre golfe pétrolier », situé en face de l'Amérique, sont en phase avec l'importance que l'Afrique pétrolière est appelée à prendre pour les États-Unis. Ceux-ci se trouvent cependant en rivalité avec d'autres puissances aux besoins énergétiques rapidement grandissants, et tout particulièrement avec la Chine dont les importations de pétrole – d'une croissance annuelle de 25 % – sont passées de 10 millions de tonnes en 1993 à 70 millions de tonnes en 2002. Or, en 2020, l'Empire du Milieu escompte des besoins d'approvisionnement sur le marché mondial de l'ordre de 450 millions de tonnes. Dépendante déjà à plus de 60 % des puits du Moyen-Orient, la Chine ne pourra trouver ces surplus qu'en Afrique, son deuxième fournisseur de brut avec environ 20 %, devant l'Asie centrale (14 %) et l'Europe (6 %). L'entrée de PetroChina, en 1997, dans un consortium international au Soudan, qui disposerait de réserves entre 1 et 4 milliards de barils dans la zone de contact entre le nord à majorité arabo-musulmane et le sud peuplé de Négro-Africains chrétiens ou animistes, s'inscrit dans cette stratégie d'approvisionnement. En 2004, face aux exactions commises par des milices arabes au Darfour, dans l'ouest du Soudan, Pékin a menacé de recourir à son droit de veto pour éviter à Khartoum des sanctions de l'ONU.

LOCALISATION DE LA PRODUCTION DE PÉTROLE

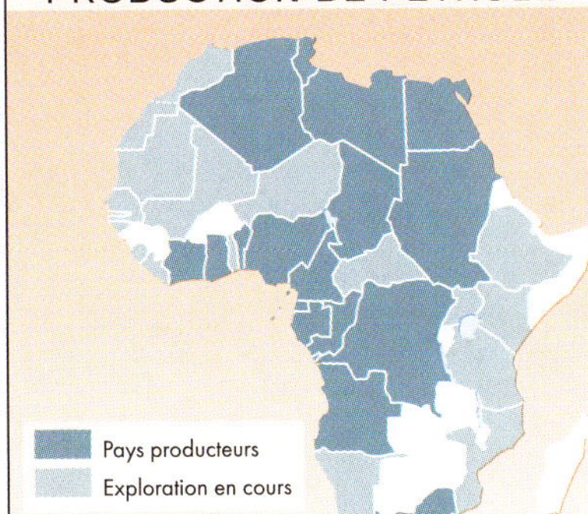

Source : *J.A/L'Intelligent* H.S. n° 6, L'état de l'Afrique, 2004.

> *En 2003, grâce au boom pétrolier, la Guinée équatoriale a connu une croissance de 25 %. Cependant, malgré un PIB par tête d'habitant de 19 000 dollars, supérieur à celui de la Grèce, les trois quarts des 500 000 Équato-Guinéens vivaient au-dessous du seuil de pauvreté.*

LES PRÉVISIONS DE LA PRODUCTION PÉTROLIÈRE

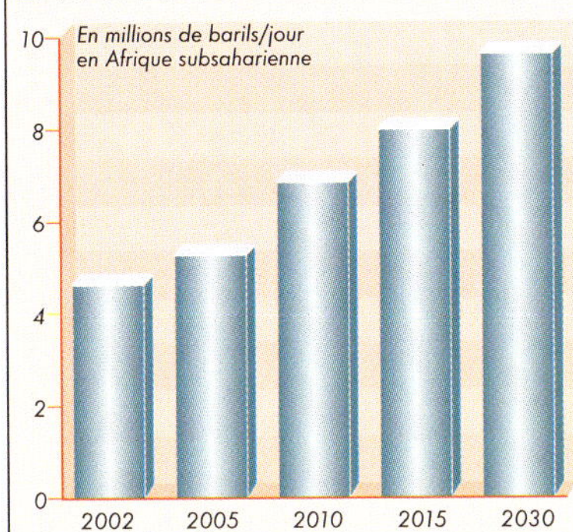

Source : *J.A/L'Intelligent* Hors-Série n° 6, L'état de l'Afrique, 2004.

Le pétrole, une malédiction

Vecteur d'importance géopolitique, le pétrole n'est pas un facteur de développement en Afrique. Nulle part les populations n'ont vraiment bénéficié de la manne. Au Nigeria, avec une production supérieure à 2 millions de barils par jour, le premier producteur africain et le 6e exportateur mondial, quelque 60 millions de rente pétrolière par jour – plus de 300 milliards de dollars pendant le dernier quart du XXe siècle – restent sans retombées autres que l'effroyable pollution dans le delta du Niger et des traces dans des comptes aussi *off shore* que les plates-formes en haute mer : le « géant de l'Afrique noire » accuse des indices de pauvreté supérieurs de 30 % à ceux de 1980, selon le classement 2004 du PNUD pour le développement humain. La situation n'est pas meilleure au Gabon, pourtant seulement peuplé d'un million d'habitants, ou au Congo-Brazzaville et en Angola, où l'or noir a alimenté des guerres civiles.

Sur la carte religieuse de l'Afrique, marquée par l'islam au nord et le christianisme au sud, tous deux progressant dans un milieu animiste qui n'est pas près de disparaître, le 11 septembre 2001 a eu l'effet d'une loupe : sans adaptation d'échelle, le local y est surinterprété dans la perspective globale d'une « guerre civilisationnelle » entre l'Occident chrétien et ses ennemis dans le monde musulman. Le continent africain subit et s'approprie ce contexte international, qui incite au prosélytisme et à l'exacerbation des différences, en même temps qu'il en donne les moyens.

LES MUSULMANS

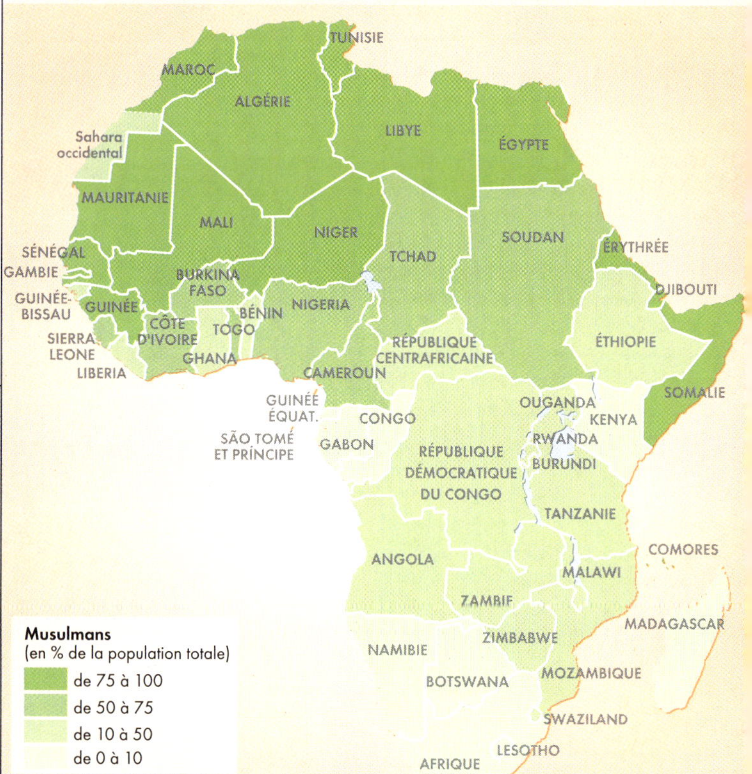

Source : *Questions internationales*, n° 5, janvier-février 2004.

Une terre de partage religieuse

Schématiquement, l'Afrique se divise en un « pays d'islam » – *dâr al-islam* – au nord et sur le flanc oriental du continent, en expansion depuis treize siècles, comptant en 2004 plus de 350 millions de fidèles, soit davantage de fils et de filles d'Allah que l'ensemble des pays arabes ; et une terre chrétienne au centre et au sud, rassemblant aussi environ 40 % de la population africaine, unie dans une foi vieille de vingt siècles en Égypte, de quinze en Éthiopie, mais qui s'est véritablement implantée au sud du Sahara dans le sillage du colonialisme, au XIXe siècle. Le milieu commun de ces deux religions universelles est l'animisme – du latin *animus*, « l'esprit », un terme inventé par l'ethnologue britannique Edward Burnett Tylor (1832-1917) pour englober les croyances traditionnelles –, dans lequel se reconnaissent entre 100 et 200 millions de personnes, encore que les religions venues d'ailleurs baignent toutes dans ce bouillon de culture ancestrale. Vincent Monteil a ainsi parlé d'un « islam noir » et, de la même façon, l'on devrait parler d'un « christianisme noir » au regard des Églises afro-chrétiennes indépendantes, telles que le kimbanguisme ou le harrisme.

L'Afrique du 16e parallèle – du Sénégal au Soudan – constitue la zone de contact entre islam et christianisme. Sous l'effet de la polarisation religieuse à l'échelle mondiale, les heurts s'y sont multipliés dans l'après-11 Septembre. Or, ce contexte global masque la revendication locale d'un retour à l'intégrité – même au prix d'un intégrisme – dans une vie publique dépravée par de multiples abus et la corruption.

Le prosélytisme évangéliste

La revendication – parfois violente – d'un État islamique, arbitre d'un mode de vie qui ne saurait se concevoir que dans son intégrité, est régulièrement rapportée par les médias occidentaux, par exemple dans les douze États de la fédération nigériane qui, depuis 2000, ont conféré force de loi à la *charia*, la loi coranique dans toute sa rigueur originelle. En revanche, côté chrétien, le foisonnement des Églises du réveil et d'une myriade – 1 526 en 1998 – de chapelles protestantes, qui se livrent à un prosélytisme parfois très agressif, ne retient pas la même attention. Mais en Afrique, terre annexe de la « croisade » lancée par George W. Bush, comme elle fut un champ de bataille secondaire entre capitalisme et communisme pendant la guerre froide, le *revival* chrétien – principalement américain – se mêle à la politique, certains présidents convertis (*born again*) se considérant comme des « élus de Dieu ».

LES GROUPES ÉVANGÉLISTES

		Date de création	Lieu d'apparition	Caractéristiques sommaires
BAPTISTES		1605	Hollande	• *Baptême des adultes par immersion* • *Congrégationalisme*
ANABAPTISTES	Mennonites	1525	Suisse	• *Baptême des adultes* • *Rejet de la vie moderne* • *Culte domestique*
	Amishs	1693	Suisse	
	Quakers	1647	Angleterre	• *Pacifisme* • *Congrégationalisme*
MÉTHODISTES		1738	Angleterre	• *Synthèse entre prédestination et éthique catholique de la sainteté* • *Œcuménisme*
PENTECÔTISTES		1900	États-Unis	• *Fond méthodiste ou baptiste* • *Baptême par le Saint-Esprit* • *Discours extatique (glossolalie)*
ADVENTISTES	Adventistes du septième jour	1860	États-Unis	• *Retour imminent du Christ (millénarisme)* • *Jour du Seigneur le samedi*
	Mormons	1830	États-Unis	• *Millénarisme* • *Livre de Mormon révélé par l'ange Moroni et autres écrits ajoutés à la Bible*
	Témoins de Jéhovah	1871	États-Unis	• *Millénarisme, apocalypse prévue pour 1914, puis 1925, puis 1972* • *Interprétation de la Bible communiquée aux seuls témoins par les anges*

Source : *Atlas des religions dans le monde*, Autrement, Paris, 1994.

LES ANIMISTES ET LES CHRÉTIENS

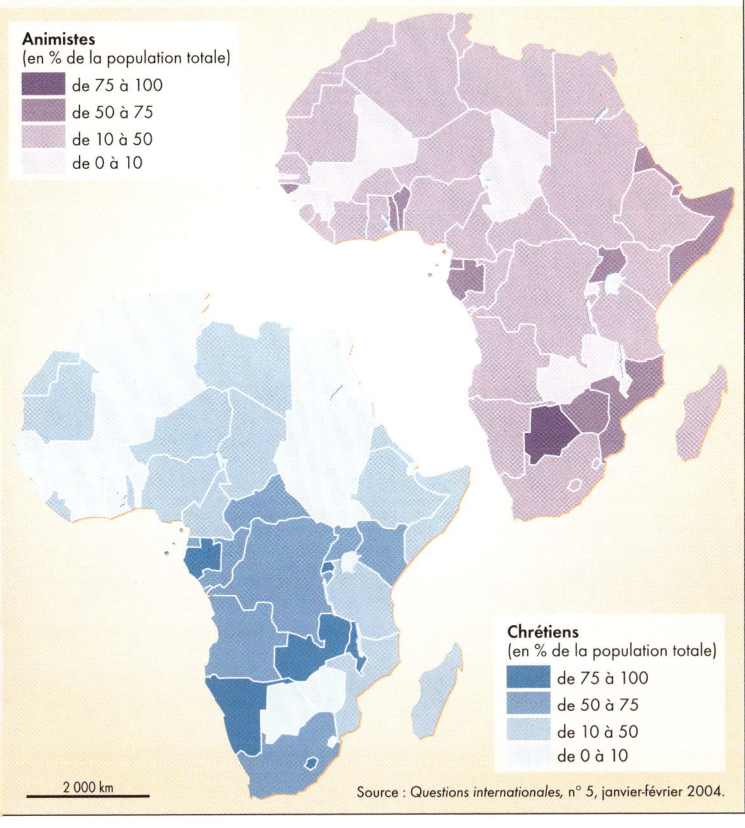

Source : *Questions internationales*, n° 5, janvier-février 2004.

> *Tout ce qui monte converge.*
>
> **Léopold Sédar Senghor (1906-2001), poète de la « négritude » et premier président du Sénégal.**

LE SIDA

Vu d'Afrique, le sida constitue la troisième catastrophe démographique, après la traite négrière avec ses dizaines de millions de déportés, puis le choc immunologique au moment de la conquête coloniale, quand entre un tiers et la moitié des Africains ont succombé à des maladies inconnues auparavant. En 2003, sur un total de 42 millions de personnes affectées par le virus de l'immunodéficience humaine (VIH) dans le monde, 30 millions étaient des Africains. Dans les pays les plus ravagés par le fléau, notamment en Afrique australe, l'espérance de vie reculera, à l'horizon 2015, de dix-sept ans.

LE SIDA DANS LE MONDE

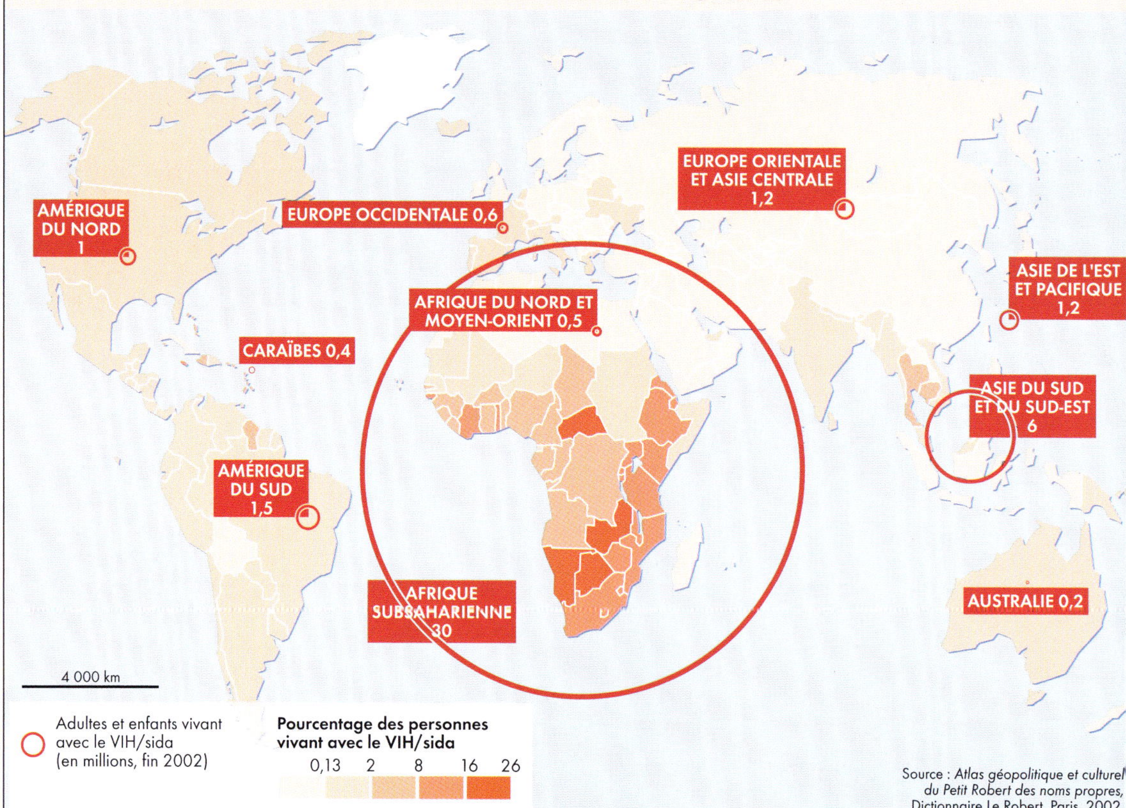

Source : *Atlas géopolitique et culturel du Petit Robert des noms propres*, Dictionnaire Le Robert, Paris, 2002.

Un fléau démographique et économique

Le sida enserre l'Afrique tels les cercles concentriques d'un enfer dantesque : deux personnes sur trois touchées par le VIH dans le monde sont des Africains ; au sud du Sahara, où le taux de prévalence est le plus élevé, avec 10 % chez les adultes, 2,4 millions de malades du sida ont succombé à l'épidémie en 2003 ; en Afrique australe, la partie la plus affectée du continent, le taux de contamination dans la tranche d'âge des 15 à 49 ans atteint 30 %. Selon les projections établies en février 2003 par les Nations unies (Onusida), ces données obèrent l'avenir d'une hécatombe : les 53 pays les plus touchés au monde accuseront un déficit démographique qui sera de 129 millions d'habitants en 2015 et de 480 millions en 2050, soit respectivement 3 % et 8 % de leur population ; en Afrique, le nombre d'habitants des 38 pays les plus affectés accusera un manque de 91 millions en 2015 et de 320 millions en 2050, soit 7 % et 19 % de leur population ; enfin, les sept

Espérance de vie avec et sans le sida

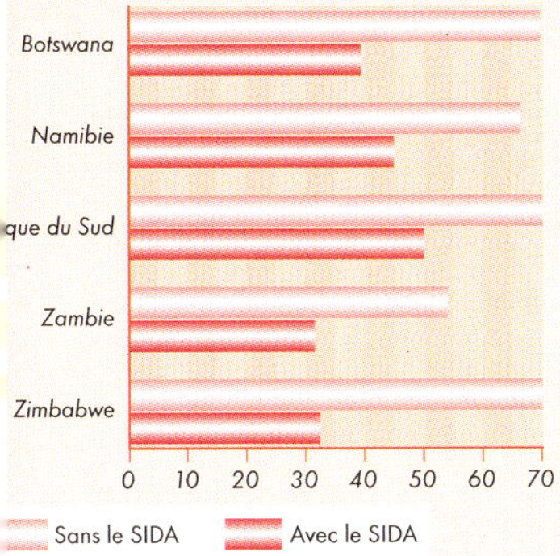

rce : Nations Unis, in *The Economist*, 17 janvier 2004.

> « *Je vous conjure de porter une plus grande attention à la multiplication des orphelins du sida, 11 millions d'enfants abandonnés à eux-mêmes – ils seront 20 millions en 2010 – et confrontés au plus sombre des avenirs.* »
>
> **Kofi Annan, secrétaire général de l'ONU, 21 février 2003.**

pays les plus contaminés d'Afrique australe – Afrique du Sud, Botswana, Lesotho, Swaziland, Namibie, Zambie et Zimbabwe – seront privés de 26 millions d'habitants en 2015 et de 77 millions en 2050, soit 19 % et 36 % de leur population.

L'impact démographique est dramatique, mais le déficit de développement sera bien plus important encore, du fait de la décimation de la population active et de l'apparition de générations d'orphelins, à la charge de leurs grands-parents ; en raison, aussi et surtout, d'une élite qualifiée, déjà très minoritaire, frappée d'une manière disproportionnée (tels les enseignants, les artistes ou le personnel médical qui, en raison de leur grande mobilité sociale et de leur mœurs sexuelles, paient un lourd tribut à l'épidémie, égal à celui des routiers) ; du fait, enfin, de l'éradication de la main-d'œuvre la plus démunie, sans moyens de se prémunir ou de se faire soigner, y compris en milieu rural où, selon les chiffres de la FAO, dans les 25 pays les plus touchés, 7 millions de paysans sont morts du sida depuis 1985.

Le problème en matière de santé publique ne peut être posé – sans parler de sa résolution ! – que par un libre accès aux médicaments génériques, exonérés du coût des brevets d'invention. Or, si les laboratoires pharmaceutiques occidentaux ont renoncé, en 2001, au procès qu'ils avaient intenté à l'Afrique du Sud, l'accord conclu, en 2003, au sein de l'Organisation mondiale du commerce (OMC) n'est pas une solution en raison des multiples conditions qui entravent la vente des génériques.

Le Botswana

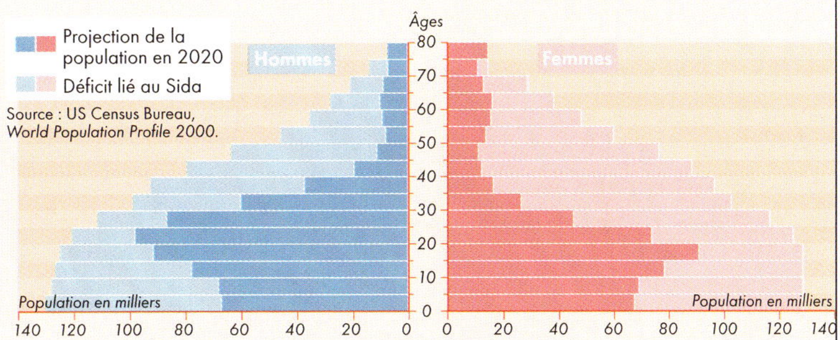

Avec près de 40 % de femmes enceintes et 19 % de la population totale séropositives, soit 300 000 personnes, le Botswana est le pays d'Afrique le plus touché par l'épidémie du Sida. L'espérance de vie, de 46 ans en 2000 devrait tomber à 29 ans d'ici 2010 si la tendance se poursuit.

D'après : US census bureau, World population profile, 2000. In S. Brunel, *L'Afrique*, Bréal, Paris, 2003.

La moitié d'une vie occidentale

L'espérance de vie en Afrique était de 35 ans en 1945, de 43 ans en 1965 et de 51 ans en 2000. Depuis, elle recule de nouveau, en raison de la pandémie du sida. Celle-ci entraînera des conséquences comparables aux ravages de la peste bubonique en Europe à la fin du Moyen Âge dans les sept pays les plus touchés d'Afrique australe, où le taux de prévalence chez les adultes frôle ou dépasse 30 %. L'espérance de vie y reculera, d'ici à 2015, de 17 ans : au lieu d'atteindre 64 ans, si le sida n'existait pas, elle sera de 47 ans. Selon une enquête américaine au Botswana, le pays le plus affecté avec un taux de contamination de 39 % chez les 15 à 49 ans, l'espérance de vie y descendrait même, en 2030, à 27 ans. Or, déjà en 2002, dans l'Afrique subsaharienne, l'espérance de vie était seulement de 38 ans – la moitié d'une vie occidentale.

Les raisons de cet engrenage mortifère sont multiples : la pauvreté, qui n'a permis qu'à 1 % des malades africains de se soigner en 2003 ; l'égoïsme du monde riche, qui tarde à venir en aide et ne veut pas même consentir la libre vente des médicaments génériques ; le fort vagabondage sexuel en Afrique ; la contamination décuplée, notamment du fait des viols, dans les nombreuses zones de conflits (en moyenne continentale, le taux de prévalence chez les forces armées est cinq fois supérieur à celui des civils) ; le négationnisme face au péril (le sida, « syndrome inventé pour décourager les Africains »), voire des théories de conspiration raciale qui ne sont pas le seul fait de masses incultes (jusqu'en août 2003, le président sud-africain Thabo Mbeki et son gouvernement se sont opposés à l'administration de traitements antirétroviraux – qui réduisent de 25 à 2 % la transmission du VIH de la mère à l'embryon – parce qu'ils doutent de l'origine virale du sida, lequel existerait selon eux sous une forme spécifiquement africaine, due à la misère infligée au continent, depuis des siècles, par… l'homme blanc).

L'ÉCOLOGIE

Le bouleversement démographique du continent, la révolution urbaine et les migrations internes, l'épuisement des modèles agro-exportateurs et la fragilisation des sols sur fond de désertification, mais aussi le risque d'une « dictature écologique » pour imposer la gestion de pénuries permanentes, propulsent les questions d'environnement en Afrique au premier plan des préoccupations du XXIe siècle. Les rivalités pour l'accès à l'eau et l'apparition d'une forte thématique autochtone autour de la propriété foncière donnent la mesure des enjeux et de leurs potentiels conflictuels.

L'EAU

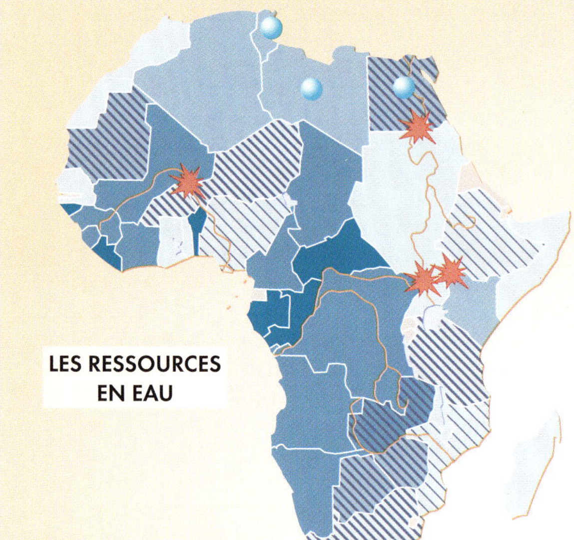

Source : *Atlas géopolitique et culturel du Petit Robert des noms propres*, Paris, 2003.

Source : S. Diop et P. Rekacewicz, *Atlas mondial de l'eau*, Éditions Autrement, Paris, 2003.

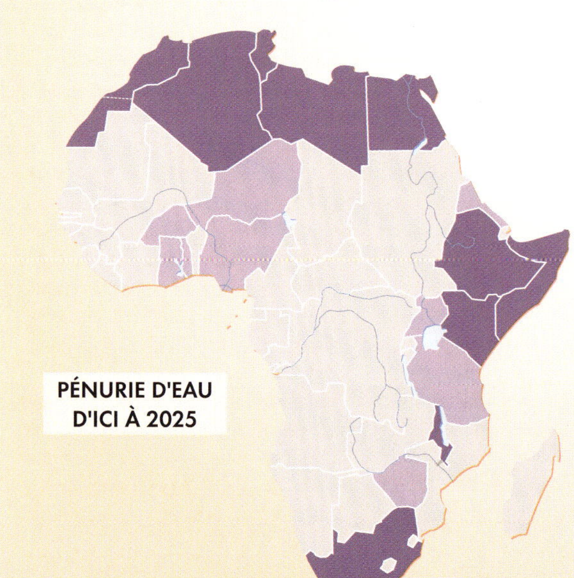

Source : UNEP, 1999. J.A., *L'Intelligent* hors série n° 6, *L'état de l'Afrique 2004*.

Ressources renouvelables
(en m³/hab.)

1 000 4 000 30 000

Part de la population ayant accès à l'eau salubre
(en %)

30 70

Données manquantes

Pays utilisant plus de 50 % de leurs ressources

Conflits liés à l'eau

Fleuves ayant un débit moyen annuel supérieur à 30 km³

Ressources en eau douce en 2000
(en m³/hab./an)

1 000 1 700 5 000 15 000 50 000 60 000

Données manquantes

Pays menacés de difficultés d'approvisionnement (entre 1 000 et 1 700 m³ par personne et par an)

Pays menacés de pénurie d'eau (moins de 1 000 m³ par personne et par an)

2 000 km

Un continent sous stress hydrique

Selon le Programme des Nations unies pour l'environnement, deux tiers de la population urbaine d'Afrique souffriront en 2025 de « graves problèmes de pénurie d'eau ». C'est déjà le cas, par exemple, dans le grand Alger (4 millions d'habitants, en 2003), où l'eau est rationnée. Or, ce manque n'est pas encore absolu : les pertes dans les réseaux de distribution algérois, en raison de leur vétusté, sont de 40 %. Il n'est pas non plus socialement équitable : à Dakar, la consommation par habitant dans les quartiers pourvus d'eau courante est dix fois supérieure (210 litres) par rapport à la périphérie (21 litres) où l'eau n'est disponible qu'à la borne fontaine ; à Nairobi, un pauvre du quartier Kineba paie le mètre cube d'eau transporté dans un jerrican dix fois plus cher (1 euro) que le résident aisé sa consommation au robinet. Enfin, à l'échelle du continent, les disparités sont considérables : en 2002, 15 % des citadins avaient accès à l'eau potable au Rwanda, un tiers au Cameroun et au Tchad, mais tous au Botswana, à Djibouti, au Maroc et en Namibie.

En 2003, seulement 45 % des Africains disposaient de l'eau courante à la maison ou dans la cour. La consommation moyenne par ménage était de 25 litres par jour, contre 30 litres dans les années 1960. Le « stress hydrique » – sans parler de la corvée de l'eau qu'il faut aller chercher parfois très loin, notamment en milieu rural – est augmenté par l'inexistence de réseaux d'assainissement, auxquels seulement 18 % des foyers sont reliés, et par le « péril fécal » qui provoque des épidémies de gastro-entérites, voire de choléra. En Afrique, moins de 2 % des eaux usées sont traitées et, comme la dépollution se fait par dilution et que les besoins d'eau pour l'assainissement croissent au rythme de la consommation, ce problème n'est pas près de trouver une solution. En revanche, pour la gestion des hydrosystèmes fluviaux, des regroupements voient le jour, à l'instar du Consortium international pour la coopération sur le Nil, créé, en 2001, par neuf États riverains.

L'AVANCÉE DU DÉSERT

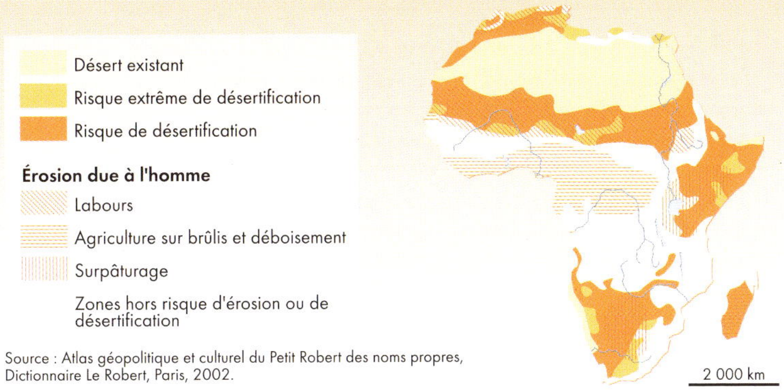

Source : Atlas géopolitique et culturel du Petit Robert des noms propres, Dictionnaire Le Robert, Paris, 2002.

Déforestation et désertification

En matière d'environnement, l'iniquité globale est indiscutable dans un monde où un sixième de la population bénéficie de 78 % des revenus et provoque 80 % de la pollution. Mais la culpabilité des uns ne rachète pas les abus des autres : huit Africains sur dix cuisinent au feu de bois ou au charbon de bois, en aggravant la déforestation et la désertification. En Côte d'Ivoire, entre 1958 et 1980, deux tiers des 12 millions d'hectares de forêt primaire ont été défrichés pour faire exploser, sur ces terres vierges non renouvelables et grâce à une main-d'œuvre abondante importée des pays sahéliens, les récoltes de café et de cacao, qui sont passées pendant cette période, respectivement, de 55 000 à 250 000 tonnes et de 62 000 à 815 000 tonnes. Outre des dégâts écologiques irréparables, le miracle ivoirien a provoqué l'effondrement des cours mondiaux puis, par contre-coup à la crise, la mise en cause de la présence des « allogènes » – les Ivoiriens venus du centre ou du nord – et des immigrés – 26 % de la population ivoirienne, en 1998 – dans le sud-ouest du pays, la « boucle du cacao ».

Cependant, l'écologie étant un enjeu « sans frontières », des initiatives Nord-Sud pour la préservation des richesses africaines voient le jour, tel que le Partenariat pour la forêt du bassin du Congo, né, sur proposition américaine, au Sommet de la Terre à Johannesburg, en septembre 2002. Soutenu depuis par d'autres bailleurs de fonds, dont l'Union européenne et le Japon, ce partenariat vise la sauvegarde de la deuxième forêt tropicale au monde (230 millions d'hectares), dont 1,3 million d'hectares disparaissent chaque année par la déforestation, la construction de routes et l'exploitation forestière. Le Cameroun, la Centrafrique, les deux Congo, le Gabon et la Guinée équatoriale sont concernés. L'objectif est de réaliser 10 millions d'hectares d'espaces protégés, deux fois plus qu'à présent, et près de 20 millions d'hectares de concessions forestières aménagées.

LES RESSOURCES FORESTIÈRES

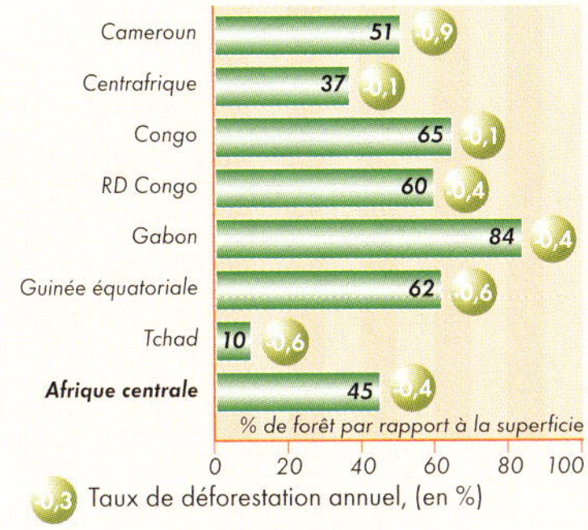

Source : FAO 2000. In J.A., *L'Intelligent*, hors série n° 6, *L'état de l'Afrique 2004*.

> ***« L'un des paradoxes de « l'environnement » en Afrique : la bière y coûte moins cher que l'eau minérale. Ainsi, au Gabon, une bouteille de bière coûte la moitié du prix d'une bouteille d'eau minérale produite localement et six fois moins cher qu'une eau importée. »***

L'Afrique du Sud, le cap de Bonne

En raison de ses infrastructures, de ses atouts industriels et du miracle politique qu'a été le passage du régime d'apartheid à la démocratie sans effusion de sang, l'Afrique du Sud est le cap de Bonne-Espérance du continent. Cependant, avant toute « Renaissance africaine », doit être résolue l'équation de base interne : il faut assurer le progrès des 45 millions de Sud-Africains en organisant le rattrapage historique de la moitié d'entre eux – dont 21 millions de Noirs – qui vit dans l'indigence, sans faire fuir les 5 millions de riches dont 80 % sont des Blancs jusqu'alors privilégiés.

Les revenus de la société sud-africaine

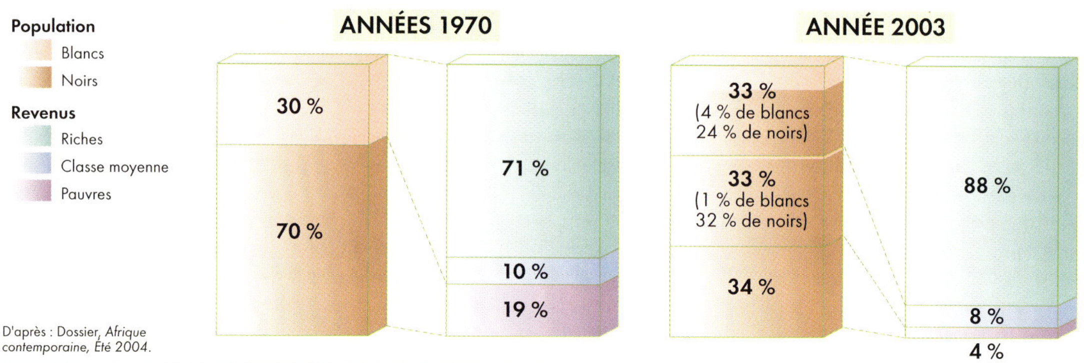

D'après : Dossier, *Afrique contemporaine*, Été 2004.

La nation arc-en-ciel

Le jour de son investiture comme premier président sud-africain démocratiquement élu, en 1994, Nelson Mandela, sans doute l'Africain du siècle, a appelé de ses vœux « une nation arc-en-ciel en paix avec elle-même et avec le monde ». En pardonnant – après les avoir établis – les crimes de l'apartheid, la Commission vérité et réconciliation présidée par Mgr Desmond Tutu a pavé la voie à l'union nationale. Cependant, en dépit de divers programmes de « discrimination positive », la révolution économique en faveur des « groupes historiquement désavantagés » n'a pas eu lieu. En fait, sur fond d'une répartition des richesses inchangée (la plus inégalitaire du monde, avec celle du Brésil), une bourgeoisie noire issue du Congrès national africain (ANC) au pouvoir a vu le jour en un temps record. L'élite noire a doublé ses revenus entre 1997 et 2001, alors que le revenu moyen des ménages noirs dans leur ensemble a chuté, entre 1995 et 2000, de 19 %.

Croissance et revenus

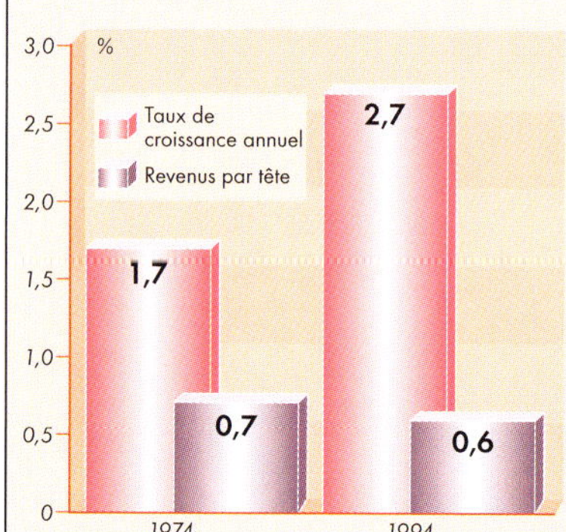

Source : Dossier, *Afrique contemporaine*, Été 2004.

Une croissance économique qui broie l'emploi

L'Afrique du Sud, qui aurait pourtant un lourd héritage à invoquer, ne vit pas aux crochets de la communauté internationale : l'aide extérieure n'y représente que 2 % du budget de l'État, qui table sur le dynamisme de la société pour surmonter les injustices léguées par l'apartheid. Gérée dans le respect de l'orthodoxie libérale, avec un déficit de 2,2 % en 2002 et une inflation inférieure à 10 %, l'économie a connu une croissance annuelle, entre 1994 et 2004, de 2,7 %, presque le quadruple de la moyenne des deux décennies précédentes. Mais il faudrait le double pour résorber la misère du plus grand nombre, d'autant qu'une industrie – notamment minière – hautement capitalisée et peu intense en main-d'œuvre a supprimé, entre 1994 et 2000, un demi-million d'emplois, aggravant ainsi un chômage qui touche déjà – officiellement – 29 % de la population active, un niveau comparable à celui des États-Unis pendant la Grande Dépression.

ESPÉRANCE

LA MAIN-D'ŒUVRE SELON LE SEXE ET LA RACE

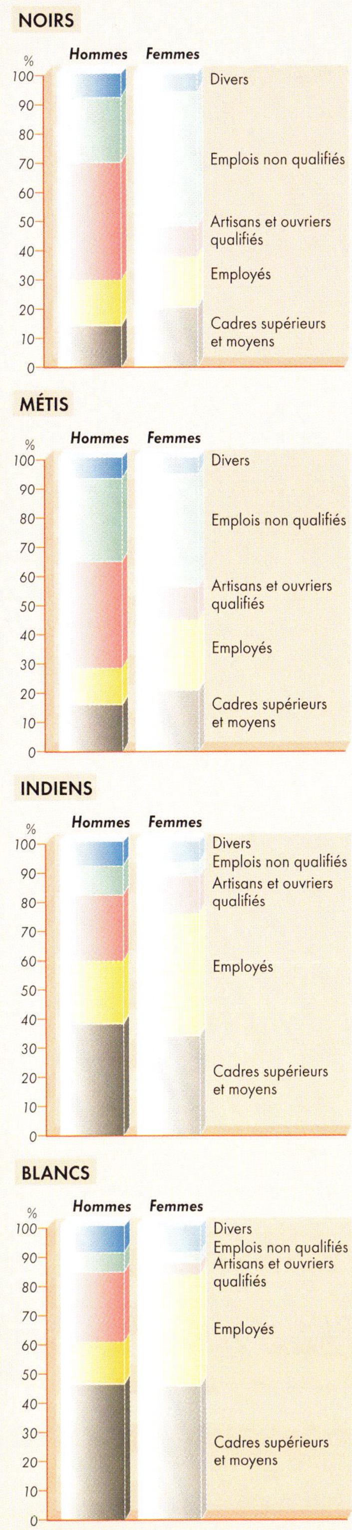

Source : Statistics South Africa. In J.-P. Cling, *L'Économie sud-africaine au sortir de l'apartheid*, Karthala, Paris, 2000.

DÉCÈS DUS AU SIDA

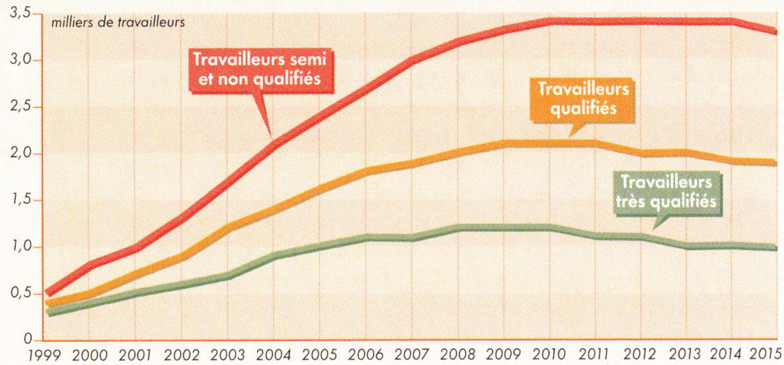

Source : Modèle d'ING Barings cité dans Quattek 2000). In Dossier, *Afrique contemporaine*, été 2004.

Une hécatombe

L'avenir de l'Afrique du Sud est lourdement hypothéqué par le sida : chaque jour, un millier de personnes y succombent et cinq millions de Sud-Africains mourront d'ici à 2013 ; 11 % de la population nationale, 20 % des adultes et, dans la province la plus affectée, celle du Kwazulu-Natal, 33,5 % des habitants sont contaminés ; à l'horizon de 2050, la société sud-africaine, déjà fragilisée par un très faible taux de croissance démographique (0,9 %), perdra un quart de sa population, passant de 45 millions à 32,5 millions. Dans un rapport publié le 23 juillet 2003, la Banque mondiale a sévèrement jugé les hésitations du pouvoir sud-africain (aussi critiqué par l'ex-président Nelson Mandela) à engager résolument le combat contre le sida. Selon elle, si rien n'est fait, le revenu familial ne sera plus, en 2050, que l'équivalent des deux tiers de ce qu'il fut en 1960. La raison : seulement 30 % de ceux qui naîtront après 2010 atteindront l'âge adulte sans avoir perdu l'un de leurs deux parents.

> ***Nous avons triomphé dans notre effort de faire naître l'espoir dans le cœur de millions de personnes.***
>
> **NELSON MANDELA, DISCOURS D'INVESTITURE DU 9 MAI 1994.**

Les disparités de qualification perdurent

En 1995, seulement 67 000 des 478 000 diplômés sud-africains étaient des Noirs, soit 14 %. Ils n'étaient de plus qu'un nombre infime – 455 ingénieurs, 69 économistes – à avoir suivi des études scientifiques. Ces disparités se reflètent dans la répartition des emplois, classés en quatre catégories : les deux tiers des Blancs sont des cadres ou des employés, près des deux tiers des Noirs des artisans ou des ouvriers, voire sans qualification professionnelle. Et même si la ségrégation a cessé dans l'enseignement, l'école – même publique – reste payante. En 2003, 16 % des enfants entre 6 et 14 ans n'étaient pas scolarisés. L'université du Witwatersrand, à Johannesburg, comptait alors 85 % d'étudiants noirs en première année. Mais en troisième cycle, pour chaque diplômé noir dans les filières commerce, mathématiques et ingénierie, il y avait deux Blancs ; et, dans l'informatique, pour chaque Noir, trois diplômés blancs.

L'INTÉGRATION RÉGIONALE

Bien que – ou parce que – les échanges commerciaux intra-africains restent marginaux, inférieurs à 5 %, le continent s'est regroupé en cinq grands ensembles régionaux. Ceux-ci sont les partenaires privilégiés de la coopération internationale, des Nations unies ou de l'Union européenne, qui sert de modèle, et jouent un rôle important dans le Nouveau Partenariat pour le développement de l'Afrique (Nepad), une initiative née en 2001. Le panafricanisme fondé sur l'intégration régionale a induit la refonte de l'Organisation de l'unité africaine (OUA), devenue, en juillet 2002, l'Union africaine.

Cinq grands ensembles régionaux

L'intégration régionale en Afrique est un objectif plutôt qu'une réalité : sur les cinq regroupements créés, l'un n'existe que sur le papier, deux fonctionnent mal, un quatrième se distingue surtout comme pourvoyeur de « casques blancs », les forces africaines de la paix, et le cinquième habille, sur mesure, les ambitions régionales de l'Afrique du Sud postapartheid.

Créée en 1989, l'Union du Maghreb arabe, dont le sigle – UMA – se prononce *oumma*, comme la communauté des croyants musulmans, a fait naufrage sur les rivalités, notamment, entre l'Algérie et le Maroc. Entre ces deux géants maghrébins, la frontière est plus souvent fermée qu'ouverte à la libre circulation promise dans le traité de Marrakech, sans songer à la « mise en œuvre de politiques communes ». En revanche, la plus ancienne organisation régionale, créée en 1975 à Lagos, la Communauté économique des États de l'Afrique de l'Ouest (CEDEAO), qui regroupe quinze pays anglophones, francophones et lusophones, a trouvé un second souffle comme « gendarme régional », à travers des médiations et opérations de paix. Elle est intervenue, parfois munie d'un mandat de l'ONU, au Liberia (entre 1990 et 1999), en Sierra Leone (depuis 1997) et en Côte d'Ivoire (depuis 2002). La fin de la rivalité franco-nigériane en Afrique de l'Ouest a aussi permis à la CEDEAO de progresser dans l'intégration régionale *stricto sensu*, par exemple par l'uniformisation du droit et des tarifs douaniers. Ce n'est pas le cas, du moins au même degré, de la Communauté économique des États de l'Afrique centrale (CEEAC), le cœur du continent ayant été déstabilisé par les guerres dans les deux Congo et en Centrafrique, ainsi que par la dispute pour le leadership régional entre le Cameroun et le Gabon. Quant au Marché commun de l'Afrique orientale et australe (Comesa), qui regroupe les 380 millions d'habitants d'une vingtaine de pays, il manque de cohérence et d'un vrai leader, l'Égypte remplissant mal ce rôle pour être davantage une puissance méditerranéenne et proche-orientale. L'adhésion de l'Afrique du Sud était prévue dans le traité fondateur du Comesa, signé en novembre 1993 à Kampala, mais l'ex-pays de l'apartheid s'est plutôt investi dans la Communauté de développement de l'Afrique australe (SADC), constituée en 1992. Les anciens États sur la ligne de front avec le régime d'apartheid forment en effet une vaste arrière-cour d'influence pour la nouvelle Afrique du Sud démocratique, dont l'hégémonie dans cet ensemble – 14 pays, environ 200 millions d'habitants – est incontestable, le PIB de tous ses partenaires régionaux représentant moins de 40 % de son propre PIB.

Hormis ces cinq grands ensembles, membres de la Communauté économique africaine (CEA) qui les chapeaute au niveau continental, il existe une multitude d'autres regroupements régionaux, plus restreints ou aux objectifs plus spécifiques – parfois en veilleuse. Sur le plan monétaire, le franc CFA – la monnaie commune de 14 pays africains qui est liée d'une parité fixe à l'euro, le Trésor français s'en portant garant – a donné naissance à deux ensembles : l'Union économique et monétaire ouest-africaine (UEMOA) et la Communauté économique et monétaire de l'Afrique centrale (Cemac).

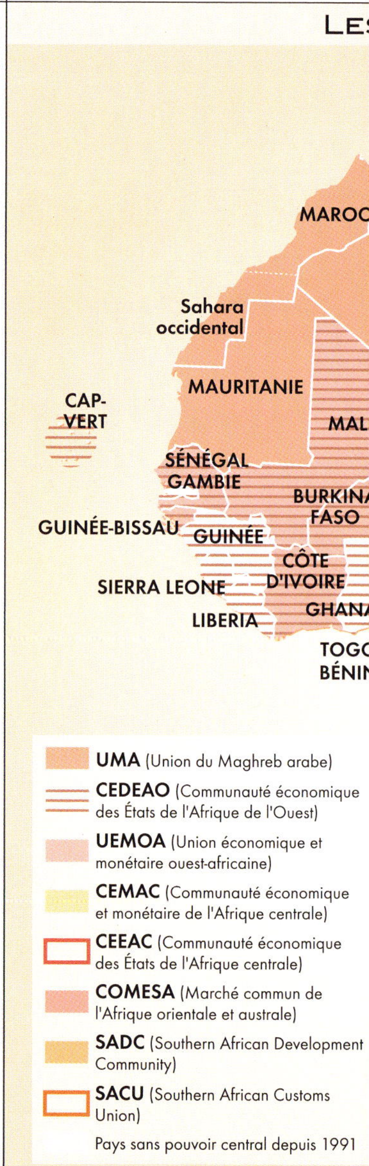

Source : *L'État du monde 2004, Annuaire économique géopolitique mondial*, La Découverte, Paris, 2003. In *Question internationales*, n° 5, janvier-février 2004. *J.A./L'Intelligent*, hors série n° 6, L'état de l'Afrique, Paris, 2004.

L'Union africaine

Quarante ans après la création de l'Organisation de l'unité africaine (OUA) par les pères de l'indépendance dans l'Africa Hall à Addis-Abeba, les dirigeants africains ont porté sur les fonts baptismaux, le 9 juillet 2002 à Durban, l'Union africaine (UA). Fille spirituelle du colonel Kadhafi, héraut d'un nouveau panafricanisme après l'échec de ses projets panarabes, l'UA est en même temps un décalque institutionnel de l'Union européenne. Sa politique est définie au sommet des chefs d'État et mise en œuvre par une commission de dix membres, dont un président – depuis juillet 2003, l'ancien président malien Alpha Oumar Konaré – et deux vice-présidents. Son organigramme devra compter, une fois mis en place, 17 institutions, dont un parlement panafricain, une cour de justice, une banque centrale, un fonds monétaire africain, etc. À l'image des Nations unies, l'UA s'est dotée d'un conseil de paix et de sécurité de 15 membres, trois par grandes régions : nord, ouest, est, centre et sud du continent.

ORGANISATIONS RÉGIONALES

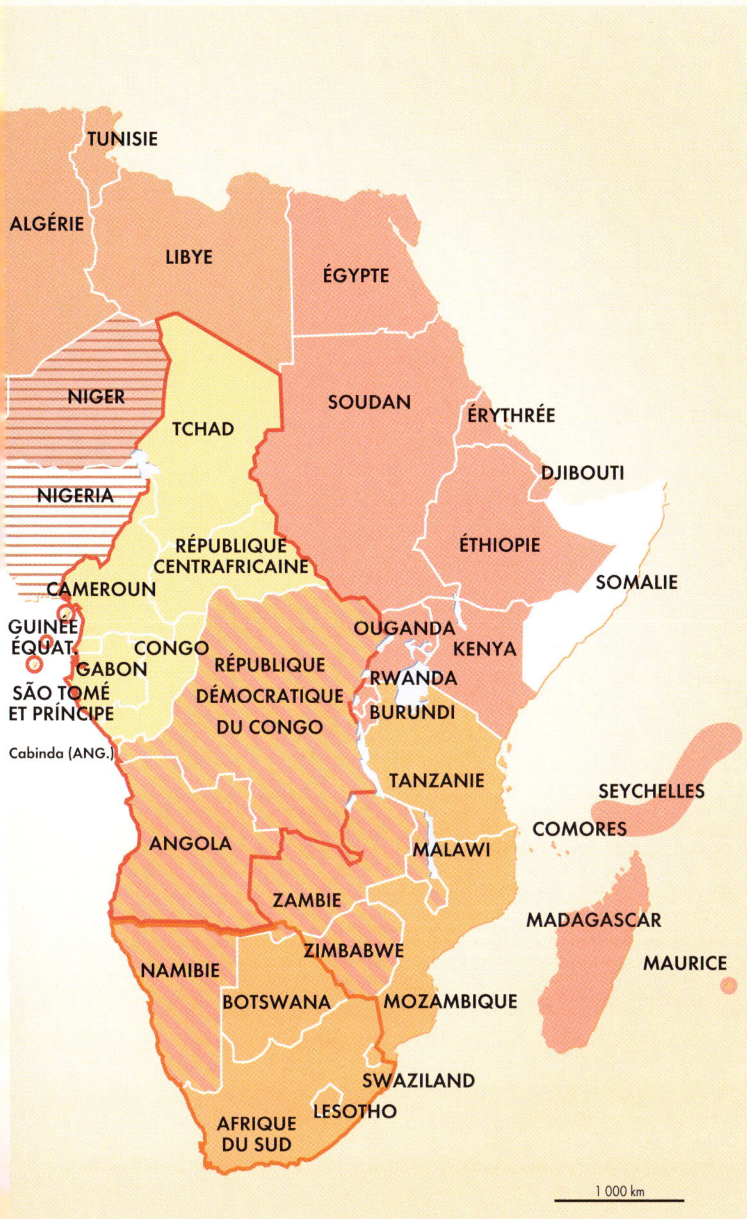

> ***Et, malgré tout, l'Afrique d'aujourd'hui est une Afrique d'espérance, un continent qui a repris son voyage pour sortir d'une période de désespoir.***
>
> **Le président sud-africain Thabo Mbeki, discours sur la « Renaissance africaine » à Hong-Kong, le 17 avril 1998.**

Des soldats de paix africains

En réponse à la multiplication des conflits armés sur le continent, les Nations unies et les principaux bailleurs de fonds tentent de susciter, dans le langage de l'ONU, « une capacité endogène – en troupes, en logistique et en finances – de maintien de la paix et de réaction rapide aux crises ». Dans l'Agenda pour la paix, défini en 1995, l'ONU prévoyait cinq types de collaboration avec les organisations régionales en Afrique, de la simple consultation à des opérations de paix conjointes, dans le cadre d'une « division de travail ». Le même but est poursuivi par de multiples initiatives – hélas non coordonnées – de bailleurs de fonds tels que les États-Unis, à travers l'African Crisis Response Initiative (ACRI), ou la France, pour le Renforcement des capacités africaines de maintien de la paix (Recamp). L'Union africaine s'est engagée à mettre en place, avant 2010, une brigade de soldats de la paix – entre 800 et 1 000 militaires – dans chacune des cinq grandes régions du continent.

CONCLUSION

LES VOLETS CLOS DU PARTICULARISME AFRICAIN

Ce n'est pas le moindre paradoxe d'un atlas panafricain que de ne pouvoir montrer ce qui est à l'origine de la solidarité continentale, du sentiment partagé d'avoir un destin en commun : la « fraternité » entre Africains affranchis du joug colonial et, au sud du Sahara, l'essentialisme pigmentaire qui exaltait « l'homme noir » – si longtemps avili et méprisé par... le Blanc. Or, ni l'âme du décolonisé ni la « conscience noire » ne se cartographie. Elles jouent pourtant un rôle non négligeable, sans doute nécessaire dans le premier temps de l'affirmation de soi, mais néfaste depuis que « l'africanité » et, en Afrique subsaharienne, la « négritude » ont été érigées en murs d'une prison identitaire. Car, l'on n'est pas africain – ou européen ou américain – de façon consubstantielle mais par une histoire en partage. Ce qui n'est pas toujours facile à vivre quand cette histoire est ressentie comme un sort subi, quand elle a été écrite par des vainqueurs qui – pires qu'étrangers – sont « autres ».
Dans les années 1930, les premiers nationalistes algériens aspiraient à être des Français arabes et musulmans, parfaitement assimilés, et les étudiants noirs à Paris, renvoyant aux expéditeurs le racisme dont ils furent victimes, professaient leur « négritude » au même titre que les Noirs américains devaient proclamer « *black is beautiful* » dans les années 1960. Depuis, cette autovalorisation face aux préjugés s'est démocratisée, devenant un refuge identitaire de masse.
De Tanger au Cap, est africain ce qui s'oppose à l'Occident, aux Blancs. Comme l'a écrit Axelle Kabou dans un livre iconoclaste (*Et si l'Afrique refusait le développement ?*) publié en 1991, les Africains « attendent Brazza et Stanley au détour d'un sentier de brousse pour leur faire la peau ».
Pourquoi ? Parce que ces explorateurs, et tous les autres étrangers qui sont venus depuis, jusqu'aux coopérants et experts de la Banque mondiale ou du FMI, ont basculé les Africains dans un monde que ceux-ci ne reconnaissent pas pleinement comme le leur. N'est-ce pas la raison profonde pour laquelle l'Afrique, au lieu d'avancer, recule depuis les indépendances ? Le développement, l'État moderne, le rang du continent sur le plan international, tout cela n'y est pas l'affaire du plus grand nombre. Si le continent est sur une voie de garage, c'est qu'il y eut erreur historique d'aiguillage. Au lieu de s'épuiser à vouloir attraper les maîtres du monde, leurs anciens colonisateurs, les Africains sont tentés de se cloîtrer dans un passé réinventé et idéalisé, le « temps glorieux des Arabes », la « cité idéale » des musulmans, une « conscience noire » hermétiquement scellée. Nombreux sont aussi les Occidentaux qui rêvent d'un âge d'or perdu, parfois en gardes-faunes d'une Afrique « éternelle » qu'ils voient comme un parc naturel, ou un parc à thèmes, à conserver à tout prix. Mais ce continent immuable « depuis la nuit des temps » n'existe pas. Au contraire, ce n'est qu'en traçant la géographie d'une Afrique engagée dans de profondes mutations qu'on saisit l'un de ses traits les plus originaux : le télescopage d'époques qui, ailleurs, ont été successives ; une concomitance de temps différents qui n'est pas un simple retard. En effet, l'Afrique d'aujourd'hui, c'est à la fois le tam-tam et le téléphone satellite, la paillote et le gratte-ciel, le « roi nègre » authentique et le vrai démocrate chef de l'État. C'est « 1789 en présence d'Amnesty International », pour reprendre la saisissante formule du président ivoirien Laurent Gbagbo. De ce continent, plus que tout autre inscrit dans le temps universel, le présent atlas a voulu dessiner les contours. L'illusion identitaire en fait partie, elle est ce supplément d'autodamnation qui s'ajoute aux nombreux problèmes de l'Afrique, à ses handicaps historiques, à ses fléaux naturels, aux ravages du sida et aux injustices de l'ordre international. Mais cette mauvaise foi de se croire irréductible aux autres, pour être la chose la mieux partagée du monde, n'atteste-t-elle pas la « parfaite » intégration de l'Afrique dans la globalisation en cours ?

Bibliographie

Adam Heribert, Van Zyl Slabbert Frederik, Moodley Kogila, *Comrades in Business*, Le Cap, Tafelberg Publishers, 1998.

Alexander Neville, *An Ordinary Country. Issues in the Transition from Apartheid to Democracy in South Africa*, New York, Berghan Books, 2002.

Amselle Jean-Loup et M'Bokolo Elikia, *Au cœur de l'ethnie. Ethnie, tribalisme et État en Afrique*, Paris, La Découverte, 1999 (première édition 1985).

Bailly Michèle et Dufour Patrice, *L'Aide au développement à l'heure de la mondialisation*, Toulouse, Milan, 2002.

Bart François (sous la direction de), *L'Afrique. Continent pluriel*, Paris, Sedes, 2003.

Bayart Jean-François, *L'État en Afrique. La politique du ventre*, Paris, Fayard, 1989.

Bayart Jean-François, *L'Illusion identitaire*, Paris, Fayard, 1996.

Bayart Jean-François, Hibou Béatrice et Ellis Stephen, *La Criminalisation de l'État en Afrique*, Bruxelles, Complexe, 1997 .

Bourges Hervé et Wauthier Claude, *Les Cinquante Afriques* (tomes I et II), Paris, Le Seuil, 1979.

Brauman Rony et Petit Philippe, *Humanitaire : le dilemme*, Paris, Textuel 2002.

Brunel Sylvie, *L'Afrique*, Paris, Bréal, 2003.

Cahen Michel, *Ethnicité politique. Pour une lecture réaliste de l'identité*, Paris, L'Harmattan, 1994.

Chabal Patrick et Daloz Jean-Pascal, *L'Afrique est partie ! Du désordre comme instrument politique*, Paris, Economica, 1999.

Chrétien Jean-Pierre et Prunier Gérard, *Les Ethnies ont une histoire*, Paris, Karthala, 2003.

Cling Jean-Pierre, *L'Économie sud-africaine au sortir de l'apartheid*, Paris, Karthala, 2000.

Copans Jean, *La Longue Marche de la modernité africaine : savoirs, intellectuels, démocratie*, Paris, Karthala, 1998.

Coquerel Paul, *Afrique du Sud, l'histoire séparée*, Paris, Gallimard, 1992.

Darbon Dominique (sous la direction de), *L'Après-Mandela. Enjeux sud-africains et régionaux*, Paris, Karthala, 1999.

Dewitte Philippe, *Les Mouvements nègres en France, 1919-1939*, Paris, L'Harmattan, 1985.

Dozon, Jean-Pierre, *Frères et sujets. La France et l'Afrique en perspective*, Paris, Flammarion, 2003.

Dumont René, *L'Afrique noire est mal partie*, Paris, Le Seuil, 1962.

Ellis Stephen, *The Mask of Anarchy. The Destruction of Liberia and the Religious Dimension of an African Civil War*, New York, New York University Press, 1999.

Étienne Gilbert, *Le Développement à contre-courant*, Paris, Presses de Science Po, 2003.

Etounga-Manguelle Daniel, *L'Afrique a-t-elle besoin d'un programme d'ajustement culturel ?*, Paris, Nouvelles du Sud, 1991.

Ferme Mariane C., *The Underneath of Things. Violence, History and the Everyday in Sierra Leone*, Berkeley, Los Angeles, University of California Press, 2001.

Ferro Marc (sous la direction de), *Le Livre noir du colonialisme. Du XVIe au XXIe siècle : de l'extermination à la repentance*, Paris, Robert Laffont, 2003.

« Futurs Africains », *Afrique 2025. Quels futurs possibles pour l'Afrique au sud du Sahara ?* (préface de Thabo Mbeki), Paris, 2003.

Guerivière Jean de La, *Exploration de l'Afrique noire*, Paris, Chêne, 2002.

Hatzfeld Jean, *Dans le nu de la vie. Récits des marais rwandais*, Paris, Le Seuil, 2000.

Hatzfeld Jean, *Une saison de machettes. Récits*, Paris, Le Seuil, 2003.

Hochschild Adam, *Les Fantômes du roi Léopold, un holocauste oublié*, Paris, Belfond, 1998.

Huband Mark, *The Liberian Civil War*, Ilford (Essex), Frank Cass & Co, 1998.

Huband Mark, *The Skull Beneath the Skin. Africa after the Cold War*, Oxford, Westview Press, 2001.

Hugon Philippe, *L'Économie de l'Afrique*, Paris, La Découverte, 2001.

Iliffe John, *Les Africains. Histoire d'un continent*, Paris, Flammarion, 2002.

Kabou Axelle, *Et si l'Afrique refusait le développement ?*, Paris, L'Harmattan, 1991.

Kaplan Robert, « The Coming Anarchy: how scarcity, crime, overpopulation and disease are rapidly destroying the social fabric of our planet », dans *Atlantic Monthly*, février 1994.

Marshall-Fratani Ruth et Peclard Didier, « La religion du sujet en Afrique », dans *Politique africaine*, n° 87, octobre 2002.

Mbeki Thabo, *Africa, the Time Has Come (selected speeches)*, Le Cap, Tafelberg, 1998.

Mbembé Achille, *De la postcolonie. Essai sur l'imagination politique dans l'Afrique contemporaine*, Paris, Karthala, 2000.

Monteil Vincent, *L'Islam noir : une religion à la conquête de l'Afrique*, Paris, Le Seuil, 1964.

Ngoupandé Jean-Paul, *L'Afrique sans la France. Histoire d'un divorce consommé*, Paris, Albin Michel, 2002.

Ngoupandé Jean-Paul, *L'Afrique face à l'islam. Les enjeux africains de la lutte contre le terrorisme*, Paris, Albin Michel, 2003.

Pérouse de Montclos Marc-Antoine, *Diaspora et terrorisme*, Paris, Presses de Science Po, 2002.

Pétré-Grenouilleau Olivier, *Les Traites négrières. Essai d'histoire globale*, Paris, Gallimard, 2004.

Pourtier Roland, *Afriques noires*, Paris, Hachette, 2001.

Roche Pierre-Alain, « L'eau, enjeu vital pour l'Afrique », dans *Afrique contemporaine*, n° 205 (2003), p. 39-76.

Sachs Wolfgang et Estava Gustavo, *Des ruines du développement*, Paris, Le Serpent à plumes, 2003.

Sofsky Wolfgang, *L'Ère de l'épouvante. Folie meurtrière, terreur, guerre*, Paris, Gallimard, 2002.

Traoré Aminata, *L'Étau. L'Afrique dans un monde sans frontières*, Arles, Actes Sud, 1999.

Verschave, François-Xavier : *La Françafrique. Le plus long scandale de la République*, Paris, Stock, 1998.

Waldmeir Patti, *Anatomy of a Miracle, The End of Apartheid and the Birth of the New South Africa*, Londres, W.W. Norton & Co, 1997.

Zartman William (sous la direction de), *Collapsed States. The Desintegration and Restauration of Legitimate Authority*, Boulder (États-Unis), Lynne Rienner Publischers, 1995.

LES ÉTATS DU CONTINENT AFRICAIN

	CAPITALE	POPULATION EN MILLIONS	PIB PAR HABITANT EN DOLLARS	SUPERFICIE EN KM²	NATURE DE L'ÉTAT ET TYPE DE RÉGIME
AFRIQUE DU SUD	Pretoria	44,4 (2004)	11 639 (2001)	1 219 090	République, régime présidentiel
ALGÉRIE	Alger	31,3 (2002)	1 630 (2001)	2 381 741	République, régime démocratique et populaire, régime présiden
ANGOLA	Luanda	10,8 (2003)	2 040 (2002)	1 246 700	République
BÉNIN	Porto-Novo	7,2 (2004)	980 (2001)	112 622	République, régime démocratique parlementaire
BOTSWANA	Gaborone	1,8 (2004)	7 820 (2003)	581 730	République, régime présidentiel
BURKINA FASO	Ouagadougou	13,2 (2003)	1 120 (2002)	274 200	République, régime démocratique et populaire, régime président
BURUNDI	Bujumbura	7,3 (2004)	690 (2001)	27 834	République, régime présidentiel
CAMEROUN	Yaoundé	15,9 (2003)	820 (2002)	475 442	République, régime présidentiel
CAP-VERT	Praia	0,5 (2004)	5 570 (2001)	4 033	République, régime démocratique parlementaire
CENTRAFRIQUE	Bangui	3,7 (2003)	320 (2002)	622 984	République, régime présidentiel
COMORES	Moroni	0,7 (2004)	1 870 (2001)	1 862	République fédérale, régime présidentiel
CONGO-BRAZZAVILLE	Brazzaville	3,2 (2002)	700 (2001)	341 999	République, régime présidentiel
CÔTE D'IVOIRE	Yamoussoukro	16,9 (2004)	700 (2001)	322 461	République, régime présidentiel
DJIBOUTI	Djibouti	0,8 (2004)	2 370 (2001)	23 200	République, régime présidentiel autoritaire
ÉGYPTE	Le Caire	74,7 (2003)	1 140 (2002)	995 450	République, régime présidentiel
ÉRYTHRÉE	Asmara	4,4 (2004)	1030 (2001)	117 600	République
ÉTHIOPIE	Addis-Abeba	66,6 (2003)	100 (2001)	1 127 127	République, régime présidentiel
GABON	Libreville	1,4 (2004)	5 990 (2001)	267 667	République, régime présidentiel
GAMBIE	Banjul	1,5 (2004)	2 050 (2001)	11 295	République, régime démocratique parlementaire
GHANA	Accra	20,5 (2003)	290 (2001)	238 538	République, régime présidentiel
GUINÉE	Conakry	9,2 (2004)	1 960 (2001)	245 857	République, régime présidentiel militaire
GUINÉE-BISSAU	Bissau	1,4 (2004)	970 (2001)	36 125	République, régime présidentiel
GUINÉE ÉQUATORIALE	Malabo	0,5 (2004)	5 600 (2000)	28 051	République, régime présidentiel
ÎLE MAURICE	Port Louis	1,2 (2004)	9 860 (2001)	2 040	République, régime parlementaire
KENYA	Nairobi	32 (2004)	980 (2001)	581 787	République, régime présidentiel
LESOTHO	Maseru	2,3 (2004)	2 420 (2003)	30 355	Royaume, monarchie constitutionnelle
LIBERIA	Monrovia	3,3 (2003)	260 (1999)	111 370	République, régime présidentiel
LIBYE	Tripoli	5,6 (2004)	7 450 (2002)	1 759 540	Régime militaire
MADAGASCAR	Antananarivo	17,5 (2004)	830 (2001)	587 041	République, régime présidentiel
MALAWI	Lilongwe	11,9 (2004)	570 (2001)	118 484	République, régime présidentiel
MALI	Bamako	12 (2004)	860 (2003)	1 240 198	République, régime présidentiel
MAROC (sans le Sahara occidental)	Rabat	32,2 (2004)	3 600 (2001)	458 730	Royaume, monarchie constitutionnelle
MAURITANIE	Nouakchott	2,9 (2003)	350 (2001)	1 030 700	République, régime présidentiel militaire
MOZAMBIQUE	Maputo	18,5 (2003)	210 (2001)	799 380	République, régime présidentiel
NAMIBIE	Windhoek	1,9 (2003)	1 960 (2001)	824 268	République, régime présidentiel
NIGER	Niamey	11,4 (2004)	890 (2001)	1 267 000	République, régime présidentiel
NIGERIA	Abuja	129 (2005)	360 (2002)	923 768	République, régime présidentiel militaire
OUGANDA	Kampala	25,6 (2003)	280 (2001)	241 548	République, régime présidentiel
RÉPUBLIQUE DÉMOCRATIQUE DU CONGO	Kinshasa	58,3 (2004)	680 (2001)	2 344 798	République, régime présidentiel transitoire
RWANDA	Kigali	8,5 (2004)	1 250 (2001)	26 338	République, régime présidentiel
SAHARA OCCIDENTAL	El-Aiun	0,3 (2004)		266 000	Territoire sous contrôle non reconnu par le Maroc
SÃO TOMÉ ET PRÍNCIPE	São Tomé	0,2 (2003)	280 (2001)	1 001	République démocratique, régime présidentiel
SÉNÉGAL	Dakar	10,6 (2003)	480 (2001)	196 722	République, régime présidentiel
SEYCHELLES	Victoria	0,08 (2004)	10 620 (2002)	455	République, régime présidentiel
SIERRA LEONE	Freetown	5,9 (2004)	470 (2001)	71 740	République, régime présidentiel
SOMALIE	Muqdishu	8,3 (2004)	448 (2001)	637 657	Régime présidentiel
SOUDAN	Khartoum	38,1 (2003)	330 (2001)	2 505 810	République
SWAZILAND	Mbabane	1,2 (2004)	4 330 (2001)	17 365	Monarchie parlementaire
TANZANIE	Dodoma	34,6 (2002)	270 (2001)	945 037	République, régime présidentiel
TCHAD	N'Djamena	9,5 (2004)	1 070 (2001)	1 284 200	République, régime présidentiel
TOGO	Lomé	5,4 (2003)	270 (1999)	56 785	République, régime présidentiel
TUNISIE	Tunis	9,9 (2003)	2 356 (2002)	163 610	République, régime présidentiel
ZAMBIE	Lusaka	10,5 (2004)	780 (2001)	752 610	République, régime présidentiel
ZIMBABWE	Harare	12,6 (2003)	480 (2001)	390 784	République, régime présidentiel

NOTICES BIOGRAPHIQUES

Les numéros placés à la suite des noms font référence aux pages où sont cités ces noms.

ABD EL-KADER *35*
1807-1883. Émir arabe d'Algérie, il mène pendant quinze ans la guerre sainte (*jihad*) contre les Français. À la suite du traité de la Tafna (1837), il établit son autorité sur un tiers de l'Algérie, mais est fait prisonnier après avoir lancé une offensive sur la Mitidja et entraîné le Maroc dans le soulèvement. Libéré, il meurt en exil à Damas.

ABD EL-KRIM *35*
Nationaliste marocain (1882-1963). Il remporta sur les Espagnols la victoire d'Anoual en 1921, puis dirigea la guerre du Rif contre le Maroc français. Les Français menèrent une campagne militaire concertée avec l'armée espagnole qui l'obligea à capituler (1926).

JEAN LE ROND D'ALEMBERT *32*
Philosophe, écrivain, physicien et mathématicien français (1717-1783), il participa à la rédaction de l'*Encyclopédie*.

KOFI ANNAN *67*
Diplomate ghanéen, qui a fait l'essentiel de sa carrière au sein des Nations unies, comme chef du département des opérations de maintien de la paix et, depuis 1997, comme secrétaire général de l'ONU.

HANNAH ARENDT *35*
Philosophe juive allemande, qui dut s'exiler aux États-Unis et prit la nationalité américaine (1906-1975). En 1951, paraît son œuvre majeure, *Les Origines du totalitarisme*, qui comprend trois parties : « Sur l'antisémitisme », « L'impérialisme », « Le système totalitaire ».

JOSÉPHINE BAKER *35*
Chanteuse et danseuse noire américaine (1906-1975), vedette de la Revue nègre à Paris, dans les années 1920. Elle joua un rôle actif dans la Résistance, puis adopta des enfants de diverses origines ethniques.

HEINRICH BARTH *31*
Explorateur et géographe allemand (1821-1865), parmi les premiers Européens à voyager dans le nord et le centre de l'Afrique. Il parvint jusqu'à Tombouctou.

PETER BAUER *47*
Économiste britannique (1915-2002), enseignant à la London School of Economics. Il a pourfendu l'aide publique au développement comme « un phénomène qui consiste à imposer les pauvres des pays riches pour soutenir le mode de vie des riches dans les pays pauvres ».

BÉHANZIN *35*
Dernier roi du royaume d'Abomey (1844-1906). Il tenta vainement de s'opposer à la conquête de son royaume par la France.

OUSSAMA BEN LADEN *60*
Chef et fondateur du réseau terroriste al-Qaida. Il a revendiqué les attentats du 11 septembre 2001 à New York et Washington.

LOUIS GUSTAVE BINGER *31*
Officier, explorateur et administrateur français (1856-1936), sur la boucle du fleuve Niger et en Côte d'Ivoire, dont il fut gouverneur avant de prendre la direction des affaires africaines au ministère des Colonies, en 1897.

OTTO VON BISMARCK *32*
1815-1898. Premier ministre du royaume de Prusse de 1862 à 1890, il unifia l'Allemagne par une série de guerres et devint le premier chancelier (1871-1890) de l'Empire allemand.

ERWIN BLUMENTHAL *46*
Banquier allemand. Envoyé en 1978 au Zaïre par le Fonds monétaire international pour superviser la Banque centrale du Zaïre, il dénonce la corruption du régime du maréchal Mobutu dans un rapport qui, en 1982, finit par être rendu public.

JEAN BÉDEL BOKASSA *45*
Homme d'État centrafricain (1921-1996). Ancien capitaine de l'armée française, il s'empara du pouvoir en 1966, se proclama président à vie (1972), maréchal (1974), puis empereur (1976). Il fut renversé en septembre 1979 par l'armée française, qui installa au pouvoir l'ex-président David Dacko. Jugé et condamné à mort en 1987, il fut libéré en 1993.

RONY BRAUMAN *22*
Président de Médecins sans frontières (MSF), de 1982 à 1994, puis directeur de recherches à la Fondation MSF et professeur associé à l'Institut des sciences politiques de Paris.

ANDRÉ BRETON *35*
1896-1966. Écrivain français, poète et théoricien du surréalisme. Son adhésion au Parti communiste (1927) marqua le début de son engagement politique.

JAMES BRUCE *31*
Voyageur britannique (1730-1794), il explora, de 1768 à 1772, l'Abyssinie et découvrit la source du Nil abyssin (ou Nil Bleu).

SYLVIE BRUNEL *23*
Géographe, ancienne présidente d'Action contre la faim (ACF), puis professeur à l'université Paul-Valéry de Montpellier et à l'Institut d'études politiques de Paris.

GEORGE H. BUSH *58*
Homme d'État américain. Membre du Parti républicain, il fut d'abord vice-président sous Reagan entre 1981 et 1989, avant de devenir le 41e président des États-Unis entre 1989 et 1993.

GEORGE W. BUSH *65*
Membre du Parti républicain, il devient, en 2001, le 43e président des États-Unis, puis est réélu en 2004, pour un second mandat.

RENÉ CAILLIÉ *31*
Explorateur français (1799-1838) du Sénégal, à partir de 1816, et premier Français à visiter la cité interdite aux non-musulmans de Tombouctou en se faisant passer pour un Arabe. Il relata cette aventure dans *Le Journal d'un voyageur* (1830).

VERNEY LOVETT CAMERON *31*
Explorateur britannique (1844-1894). Envoyé à la recherche de Livingstone, il traversa l'Afrique d'est en ouest : parti de Zanzibar en 1873, il atteignit la côte occidentale de l'Afrique près de Benguela (Angola).

CHAKA ZULU *27*
Né en 1786, roi guerrier de la Nation zulu (*Zoulous*, « gens du ciel »), dont le pouvoir s'affirme par la terreur à l'intérieur, par la conquête à l'extérieur. En 1828, Chaka (Tchaka) est assassiné par Dingaan (Dingane), l'un de ses frères, qui lui succède.

RENÉ CHAR *35*
1907-1988. Poète français.

JACQUES CHIRAC *39*
Ministre de l'Intérieur de 1974 à 1976, premier ministre de 1986 à 1988, président de la République de 1995 à 2002, lorsqu'il est réélu pour un second quinquennat.

JEAN-PIERRE CHRÉTIEN *53*
Historien et directeur de recherches au CNRS.

WINSTON CHURCHILL *36*
Homme politique britannique (1874-1965). Premier ministre pendant la Seconde Guerre mondiale, il incarna l'esprit de résistance aux nazis.

HUGH CLAPPERTON *31*
Voyageur écossais (1788-1827), il explora l'Afrique de Tripoli jusqu'au royaume de Bornou (Tchad).

JOSEPH CONRAD *33*
Romancier britannique d'origine polonaise (1857-1924). Auteur du plus célèbre roman écrit sur l'Afrique, après un séjour au Congo belge : *Au cœur des ténèbres* (1899).

NOTICES BIOGRAPHIQUES

YVES COPPENS *12*
Paléontologue français, professeur au Collège de France depuis 1983, qui découvrit et étudia de nombreux restes d'australopithèques et d'hommes fossiles africains, notamment celui de Lucy.

DAVID DACKO *45*
1930-2003. Homme d'État centrafricain. Président de la République centrafricaine de 1960 à 1965 et de nouveau, après le renversement de l'empereur Bokassa par l'armée française, de 1979 à 1981.

FREDERIK DE KLERK *50*
Né en 1936, président de la République d'Afrique du Sud de 1989 à 1994. Ses réformes, qui mirent fin à l'apartheid, lui valurent, en 1993, le prix Nobel de la paix, conjointement avec Nelson Mandela.

DENIS DIDEROT *32*
Écrivain et philosophe français (1713-1784), il fut l'un des auteurs de l'*Encyclopédie*.

JEAN-PIERRE DOZON *17*
Anthropologue, directeur de recherches à l'Institut de recherche pour le développement (IRD) et directeur d'études à l'École des hautes études en sciences sociales (EHSS).

RENÉ DUMONT *46*
1904-2001. Agronome, auteur de nombreux livres sur le sous-développement dont, en 1962, *L'Afrique noire est mal partie*.

EL-HADJ OMAR *35*
1797-1864. Chef guerrier d'Afrique de l'Ouest qui fonda l'Empire toucouleur (peuhl), qui s'étendait de Tombouctou (Mali) jusqu'aux sources du Niger et du Sénégal.

PAUL ÉLUARD *35*
1895-1952. Poète français qui joua un rôle important au sein du mouvement symboliste.

LOUIS FAIDHERBE *33*
1818-1889. Polytechnicien et officier du génie, il servit en Algérie de 1842 à 1847 puis de 1849 à 1852. Ensuite gouverneur du Sénégal, il y effectua un travail de pacification et de mise en valeur du pays.

EDGAR FAURE *39*
1908-1988. Homme politique français. Il fut président du Conseil (1952 et 1955-1956) et président de l'Assemblée nationale (1973-1978).

JACQUES FOCCART *39*
1913-1997. Homme politique français, gaulliste de la première heure, résistant, puis, pendant dix-sept ans, chargé des services secrets et des affaires africaines à l'Élysée, sous le général de Gaulle, dont il fut le plus proche collaborateur, puis Georges Pompidou. Remercié en 1974 par Valéry Giscard d'Estaing, il redevient le conseiller pour l'Afrique du premier ministre, Jacques Chirac, de 1986 à 1988.

FERNAND FOUREAU *31*
Explorateur français (1850-1914), entreprit, avec Lamy, la traversée du Sahara et du Soudan, d'Ouargla au Tchad, puis atteignit le Congo (1898-1900). En 1906, il fut nommé gouverneur de Mayotte et des Comores.

CHARLES DE GAULLE *36*
1890-1970. Général et homme d'État français, chef de la France libre durant la Seconde Guerre mondiale, président du gouvernement provisoire d'octobre 1945 à janvier 1946, président du Conseil en 1958 avant de devenir président de la République, en 1959. Réélu en 1965, il se retira du pouvoir en 1969.

ÉMILE GENTIL *31*
Explorateur français (1866-1914), il étudia la région du Chari et du lac Tchad de 1895 à 1898, rejoignit la mission de Foureau et Lamy, puis contribua à la chute de l'empire de Rabah, avant d'être nommé commissaire du gouvernement au Congo français.

ANDRÉ GIDE *35*
Écrivain français (1869-1951).

VALÉRY GISCARD D'ESTAING *39*
Homme politique français, président de la République de 1974 à 1981.

JAMES AUGUSTUS GRANT *31*
Officier et explorateur britannique (1827-1892) qui reconnut, avec Speke, la région des sources du Nil.

MARCEL GRIAULE *35*
Ethnologue français (1898-1956), célèbre pour ses recherches consacrées aux Dogon.

GUILLAUME II *33*
1859-1941. Roi de Prusse et empereur d'Allemagne (1888-1918), soucieux de gagner pour son pays privé de possessions coloniales « une place au soleil ».

JUVÉNAL HABYARIMANA *53*
1937-1994. Président rwandais de 1973 à 1994, partisan du « Hutu Power ». Victime d'un attentat, le 6 avril 1994, qui déclenche le génocide de la minorité tutsi.

SIR RIDER HAGGARD *27*
1856-1925. Auteur d'essais sur l'Afrique, de nombreux romans et récits de voyage, il s'impliqua activement dans la politique impériale anglaise en Afrique du Sud.

SAMUEL HELLAND *61*
Général américain, commandant en chef de la Task Force dans la Corne de l'Afrique.

FÉLIX HOUPHOUËT-BOIGNY *39*
1905-1993. Homme politique ivoirien. Député au Parlement français, plusieurs fois ministre et ministre d'État sous la IVe République, puis, en 1960, premier président de la Côte d'Ivoire indépendante.

JOHN ILIFFE *14*
Historien britannique, spécialiste de l'Afrique

DONALD JOHANSSON *12*
Anthropologue américain, né en 1943, codécouvreur d'une femelle australopithèque connue sous le nom de Lucy.

LAURENT-DÉSIRÉ KABILA *55*
Président de la République démocratique du Congo de 1997 jusqu'à son assassinat en 2001

MUAMMAR AL-KADHAFI *73*
Homme d'État libyen et colonel, arrivé au pouvoir en 1969 à la faveur d'un putsch.

WALTER KANSTEINER *62*
Secrétaire d'État adjoint aux affaires africaines sous le premier mandat de George W. Bush.

ROBERT KAPLAN *53*
Journaliste et essayiste américain.

ALPHA OUMAR KONARÉ *73*
Historien, président du Mali de 1992 à 2002. Depuis 2003, président de la Commission de l'Union africaine (UA).

ZAKI LAÏDI *51*
Politologue français.

FRANÇOIS JOSEPH LAMY *31*
Officier et explorateur français (1858-1900) avec Foureau à la tête de la colonne qui atteignit le Tchad depuis la côte méditerranéenne (1899-1900). Il fut tué lors de la dernière offensive des troupes du chef musulman Rabah, vaincues à Kousseri et donna son nom à la capitale du Tchad colonial (Fort-Lamy).

MICHEL LEIRIS *35*
Écrivain et ethnologue français (1901-1990).

LÉOPOLD II *30*
1835-1909. Roi des Belges de 1865 à 1909. Il parvint à donner à son pays le rang de puissance coloniale. Il chargea Stanley d'explorer le Congo et y créa un « État indépendant », qui de possession personnelle devint, en 1905, une colonie belge.

DAVID LIVINGSTONE *31*
Missionnaire et explorateur britannique (1813-1873), il entreprit plusieurs expéditions en Afrique australe puis centrale, découvrit le cours du Zambèze et contribua à résoudre le problème de la source du Nil. Il lutta contre l'esclavage.

ALBERT LONDRES *35*
Journaliste français (1884-1932), auteur de *Terre d'ébène* (1929).

PATRICE LUMUMBA *36*
1925-1961. Premier ministre de la République démocratique du Congo entre juin et septembre 1960, il fut assassiné en 1961 par des partisans du sécessionniste katangais Moïse Tschombé, avec l'accord de la CIA et des autorités belges.

Vitorino MAGALHÃES GODINHO *30*
Spécialiste portugais de l'histoire des découvertes, né en 1918. Professeur en France, il devint à son retour au Portugal, en 1974, ministre de l'Éducation et de la Culture, puis professeur à l'Université nouvelle de Lisbonne.

Nelson MANDELA *50*
De 1994 à 1999, premier président de l'Afrique du Sud démocratiquement élu, après la fin de l'apartheid. Né en 1918, militant puis dirigeant du Congrès national africain (ANC), il fut emprisonné pendant vingt-sept ans. Libéré en 1990, il fut l'artisan d'une transition pacifique – le « miracle sud-africain » – en tant que président d'un gouvernement d'union nationale. Prix Nobel de la paix (1993).

Jean-Baptiste MARCHAND *31*
1863-1934. Général français. Parti du Congo en 1897, il remonte le cours de l'Oubangui puis atteint en 1898 Fachoda (Soudan), où il fut stoppé par lord Kitchener.

Thabo MBEKI *67*
Militant de l'ANC, homme d'État sud-africain. Élu président de l'Afrique du Sud, en 1999, il est réélu en 2004.

Achille MBEMBÉ *29*
Historien et politologue camerounais, enseignant aux États-Unis et en Afrique du Sud.

François MITTERRAND *38*
1916-1996. Président de la République de 1981 à 1995.

Jean-Christophe MITTERRAND *39*
Fils aîné de François Mitterrand, conseiller à l'Élysée pour les affaires africaines de 1986 à 1992.

Vincent MONTEIL *64*
Grand voyageur et orientaliste.

Gustav NACHTIGAL *31*
Explorateur allemand (1834-1885) du Tchad et de l'Égypte. Nommé consul d'Allemagne à Tunis en 1882.

Mungo PARK *31*
Chirurgien et explorateur britannique (1771-1806). Il livra dans son journal une précieuse documentation sur les Maures et les peuples de la Sénégambie.

Charles PASQUA *39*
Gaulliste, ministre de l'Intérieur de 1986 à 1988, et de 1993 à 1995.

Benjamin PÉRET *35*
Poète surréaliste français (1899-1959).

Georges POMPIDOU *39*
1911-1974. Premier ministre de 1962 à 1968 puis président de la République de 1969 à 1974.

Béatrice POULIGNY *59*
Politologue française.

RABAH *35*
v. 1840-1900. Marchand soudanais d'esclaves qui conquit le Bornou et le Baguirmi. Il fut tué, en 1900, par les troupes françaises à Kousseri, la ville sur le fleuve Chari en face de l'actuel N'Djamena.

Seewoosagur RAMGOOLAM *50*
Homme politique mauricien (1900-1985). Leader du parti travailliste, premier ministre, il milita pour le suffrage universel sur l'île.

Jan RIEBEECK *40*
1618-1677. Pionnier de la présence européenne en Afrique du Sud, il débarqua, en 1652, au cap de Bonne-Espérance et y implanta une colonie pour le compte de la Compagnie hollandaise des Indes orientales.

Gerhard ROHLFS *31*
Explorateur allemand (1831-1896) de l'Afrique du Nord, qui traversa le Sahara d'ouest en est, de 1862 à 1865. Il fut consul d'Allemagne à Zanzibar.

Franklin ROOSEVELT *36*
1882-1945. 32e président des États-Unis (1933-1945).

SAMORY TOURÉ *35*
Chef soudanais d'origine mandingue (v. 1837-1900). Il fut le plus grand résistant à la conquête française de l'Afrique de l'Ouest.

SASSOU NGUESSO *53*
Homme politique congolais. Chef d'un régime à parti unique de 1979 à 1992, il accepta l'introduction du pluralisme politique avant de revenir au pouvoir par les armes en 1997.

Jonas SAVIMBI *45*
Chef rebelle angolais (1934-2002), à la tête de l'Union nationale pour l'indépendance totale de l'Angola (UNITA), fondée en 1966 et soutenue par les États-Unis pendant la guerre froide.

Pierre SAVORGNAN DE BRAZZA *30*
Explorateur et colonisateur français d'origine italienne (1852-1905), réputé pour son humanisme et son hostilité à la traite d'esclaves. Dans une course de vitesse avec Stanley, il sécurisa pour la France la rive droite du fleuve Congo (dont la future capitale devait porter son nom), cependant que l'Anglo-Américain au service de Léopold II jetait les bases du Congo belge.

Georg SCHWEINFURTH *31*
Explorateur et naturaliste allemand (1836-1925) de l'Afrique équatoriale et du haut Nil. Fondateur de l'Institut égyptien du Caire.

Léopold Sédar SENGHOR *45*
1906-2001. Homme politique sénégalais, premier président du Sénégal (1960-1980), poète de la « négritude », essayiste et membre de l'Académie française.

John Hanning SPEKE *31*
Explorateur britannique (1827-1864). Après des expéditions dans l'Himalaya, au Tibet, en Somalie et dans le Caucase, il explora l'Afrique centrale et découvrit le lac Victoria.

Sir Henry Morton STANLEY *31*
Journaliste et explorateur anglo-américain (1841-1904). Né en Angleterre, s'étant évadé d'un orphelinat, il s'embarqua pour l'Amérique, prit la nationalité américaine et participa à la guerre de Sécession tour à tour des deux côtés. Il devint célèbre pour avoir retrouvé, en 1869, Livingstone près du lac Tanganyika (*« Dr Livingstone, I presume? »*). Il traversa l'Afrique de Zanzibar jusqu'à la côte occidentale en explorant le cours du Congo.

Maurice TAÏEB *12*
Géologue français, il fit partie de l'équipe qui découvrit le fossile de Lucy en Éthiopie.

TIPPOO-TIP *27*
1937-1905. Arabe de Zanzibar, puissant marchand d'esclaves et d'ivoire en Afrique centrale.Il escorta Stanley sur le fleuve Congo et devint, pour le compte de l'explorateur anglo-américain, éphémère gouverneur de Kisangani.

Harry TRUMAN *35*
1884-1972. 33e président des États-Unis (1945-1953).

Desmond TUTU *70*
Né en 1931, archevêque du Cap, chef de l'Église anglicane d'Afrique du Sud, militant anti-apartheid et prix Nobel de la paix (1984). Après la fin de la ségrégation raciale, il présida la Commission vérité et réconciliation.

Sir Edward Burnett TYLOR *64*
Ethnologue britannique (1832-1917).

Tchicaya U'TAMSI *19*
Écrivain congolais (1931-1988).

François-Xavier VERSCHAVE *39*
1945-2005 Président de l'association française Survie, auteur de plusieurs ouvrages de dénonciation de la « présence néocoloniale » de la France en Afrique, dont *La Françafrique. Le plus long scandale de la République* (1998).

Charles WALD *60*
Membre de l'état-major du commandement Europe de l'armée américaine (Eucom).

Max WEBER *17*
Économiste et sociologue allemand (1864-1920).

INDEX

Les chiffres en italique renvoient aux cartes et infographies.